ro
ro
ro

## Zu diesem Buch

Im privaten wie im beruflichen Alltag bedienen wir uns permanent sprachlicher und körpersprachlicher Formen der Suggestion, ohne dies zu wissen, zu wollen oder gar gezielt zu tun. Täglich versucht man uns etwas zu suggerieren, täglich beeinflussen wir selbst andere mit suggestiven Verfahren. Ohne Suggestion geht es nicht, sie ist von Kommunikation schlichtweg nicht zu trennen. Aber wir können uns auch selbst eine Menge suggerieren: daß es uns schlechtgeht, aber auch, daß wir fest mit beiden Beinen auf der Erde stehen.

Die Analyse suggestiver Techniken zeigt, wie diese heimliche Macht funktioniert, wie man sich vor ihr schützen, sich aber auch ihrer bedienen kann, um andere oder sich selbst zu beeinflussen.

### Die Autoren

**Dr. Klaus Pawlowski,** geboren 1935, Akademischer Oberrat, Leiter des Arbeitsbereiches Sprecherziehung an der Universität Göttingen (bis 1997), vielfältige Seminartätigkeit in der Wirtschaft, in der Verwaltung, in den Medien. Zahlreiche Veröffentlichungen in Fachzeitschriften. Buchveröffentlichungen: Deutsche Hochlautung (gemeinsam mit Ursula Kreuzer). Stuttgart 1971; Praktische Rhetorik. Hannover 1983; Jetzt rede ich. Ein Spiel- und Trainingsbuch zur praktischen Rhetorik (gemeinsam mit Helmut Lungershausen und Fritz Stöcker). Hannover [2] 1985, 1995; als Herausgeber: Sprechen, Hören, Sehen. Rundfunk und Fernsehen in Wissenschaft und Praxis, München 1993.

**Dipl.-Psych. Hans Riebensahm,** geb. 1936, Lektor im Arbeitsbereich Sprecherziehung an der Universität Göttingen bis 1997. Psychologischer Psychotherapeut. Ausbilder und Supervisor der Milton-Erickson-Gesellschaft für Klinische Hypnose (Sitz: München). Langjährige Vortrags- und Seminartätigkeit im Rahmen von Kongressen und Veranstaltungen zur beruflichen Fortbildung. Mehrere Veröffentlichungen in Fachzeitschriften.

Klaus Pawlowski und Hans Riebensahm sind Autoren von «Konstruktiv Gespräche führen» (rororo Sachbuch 60396).

Klaus Pawlowski / Hans Riebensahm

# SUGGESTION

WIE WIR MIT HEIMLICHEN
BOTSCHAFTEN UMGEHEN

Rowohlt Taschenbuch Verlag

Lektorat Wolfgang Müller
Umschlaggestaltung Barbara Hanke
Die Fotos im Text stammen
von Udo Rzadkowski, Göttingen

Originalausgabe
Veröffentlicht im Rowohlt Taschenbuch Verlag
GmbH, Reinbek bei Hamburg, März 2000
Copyright © 2000 by Rowohlt Taschenbuch
Verlag GmbH, Reinbek bei Hamburg
Satz Minion und ITC Officina PostScript
(PageOne)
Gesamtherstellung Clausen & Bosse, Leck
Printed in Germany
ISBN 3 499 60743 3

# SUGGESTION

# SUGGESTION

In unserem beruflichen und privaten Alltag bedienen wir uns permanent der sprachlichen und körpersprachlichen Mittel der Suggestion, meist ohne es zu wissen. Unsere Handlungen, Gedanken und Empfindungen werden häufig durch Suggestionen anderer gelenkt oder auch durch das, was wir uns selbst suggerieren oder – sagen wir es einfach – einreden und einbilden. Wir wollen Ihnen in diesem Buch zeigen, wie Suggestionen funktionieren, warum wir ihnen oft so widerstandslos folgen. Wir wollen Ihnen eine Reihe von Strategien beschreiben, mit deren Hilfe Sie täglich beeinflußt werden, auf der Straße, vor dem Bildschirm, am Arbeitsplatz, in der Familie. Die meisten dieser Strategien verwenden auch Sie in Ihrem kommunikativen Alltag, wahrscheinlich ohne sich ihrer Struktur und Wirkung bewußt zu sein.

Vielleicht werden Sie nach der Lektüre unseres Buches gezielter mit diesen suggestiven Mitteln umgehen können. Wir wollen Ihnen auch zeigen, wie Sie sich selbst durch negative Selbstsuggestionen schaden, durch positive helfen können.

Sie werden bei der Lektüre schnell merken, daß Selbstsuggestion und Fremdsuggestion eng aufeinander bezogen sind. Fremdsuggestionen gelingen in der Regel nur, wenn sie beim anderen eine Selbstsuggestion auslösen. Wir haben uns dennoch entschlossen, daraus zwei gesonderte Kapitel zu machen, um das Buch übersichtlicher zu gestalten. Vielleicht suchen Sie ja gerade etwas über das Phänomen der Selbstbeeinflussung. Dann haben Sie es hier schön im Zusammenhang.

In unseren Beispielen taucht sehr häufig die Familie Hartmann auf. Wir haben sie aus unserem ersten Buch, «Konstruktiv Gespräche führen», in dieses Buch gewissermaßen «überführt». Immer wiederkehrende Personen und Namen erleichtern vielleicht das Hineinfinden in unsere Beispielsituationen.

Wir wollen uns bedanken bei denen, die uns zur Seite gestanden haben, bei unseren Fotomodellen Karen und Michael, der Polizistin Sonja S., bei Peter Pawlowski von der Werbeagentur P& P Berlin, bei Dr. Peter Zürner von der Sonnenbergklinik Bad Sooden-Allendorf und bei Prof. V. Gheorgiu von der Universität Gießen. Vor allem aber bedanken wir uns bei unseren Frauen, Christine und Hanna, für ihre Geduld und dafür, daß sie uns aus ihrem gesunden Menschenverstand manchen guten Rat gegeben haben.

*Klaus Pawlowski und Hans Riebensahm*

# Suggestionen sind alltäglich und allgegenwärtig

Suggestionen sind so allgegenwärtig wie das Wetter. Sie gehören zu unserem kommunikativen Alltag, ob wir wollen oder nicht. Als wir Kinder waren, haben uns unsere Eltern suggeriert, ihre Sicht der Welt sei die einzig richtige, durch die Art, wie sie mit uns sprachen, dadurch, daß sie uns bestimmte Dinge nahebrachten, uns andere vorenthielten. Und wir selbst haben intuitiv suggestive Strategien gelernt, die bestens geeignet waren, unseren Eltern die miese Zensur in der Mathearbeit leichter verdaulich zu machen. Wenn wir den Fernseher anschalten, suggeriert uns ein Herr im weißen Kittel mit vertrauenerweckender Stimme, daß unsere Zähne nicht so weiß sind, daß wir unser Lächeln bedenkenlos zeigen können, was natürlich daran liegt, daß wir nicht die Zahnpasta benutzen, die er da in der Hand hält. Und die Verkäuferin in der kleinen Boutique findet unsere Figur wie maßgeschneidert für diesen absolut süßen Rock, den sie uns nur mal eben zeigen möchte. Kein Wunder, daß wir ihn kaufen. Wir wiederum haben wenig Mühe, unseren Partner in kleinen, unauffälligen Häppchen ganz allmählich dahin zu bringen, daß er Rügen als Urlaubsziel viel schöner findet als sein geliebtes Teneriffa. Und wenn unser Hausarzt sagt, er könne die Ursache für unser Unwohlsein nicht finden, aber dabei ein bedenkliches Gesicht macht, suggeriert er uns unbewußt eine kleine Zeitbombe. Und die muß dann unser Psychotherapeut entschärfen, indem er uns suggeriert, wir seien putzmunter.

Täglich und überall versucht man uns etwas zu suggerieren; und täglich und überall versuchen wir, andere durch Suggestionen zu beeinflussen. Meistens, ohne uns der Mittel, die wir da anwenden, genau bewußt zu sein. Und auch wenn wir den absolut süßen Rock gekauft haben, unsere Zähne dank der neuen Zahnpasta als strahlend weiß erleben und uns nach der Therapiesitzung völlig gesund fühlen, wissen wir selten, was die anderen im einzelnen gemacht haben, um bei uns das zu erreichen, was sie wollten. War es diese vertrauenerweckende Stimme, eine bestimmte Körperbewegung? Vielleicht haben sie uns geschmeichelt, haben Hoffnungen geweckt, Ängste geschürt. Aber wie und warum funktioniert das?

Wir wissen nur: Sie haben nicht einfach gesagt:

«Kaufen Sie diesen Rock!»

«Nehmen Sie diese Zahnpasta!»

«Fühlen Sie sich einfach gesund!»

Dann hätten sie wahrscheinlich nichts bei uns erreicht. Irgendwie haben sie ihre wahren Absichten **verschleiert**, die eigentliche Botschaft ist getarnt durch sprachliche und sprecherische Mittel, aber auch durch Gestik und Mimik.

Das kann man nun unter dem Postulat einer kommunikativen Ethik verdammen und den Schluß ziehen: Suggestion ist Manipulation, ist also bewußte Verführung zum eigenen Nutzen. Zugegeben: Dazu wird sie benutzt, wir brauchen uns, wie gesagt, nur die Werbung anzusehen.

Aber *erstens*: Die meisten Suggestionen in unserem kommunikativen Alltag geschehen völlig unbewußt, also ohne die Absicht, den anderen zu manipulieren.

*Zweitens*: Es ist theoretisch und praktisch unmöglich, uns den täglichen Suggestionsversuchen zu entziehen. Aber wir haben die Chance, sie als Empfänger zu durchschauen und uns dann zu entscheiden, inwieweit wir sie akzeptieren oder uns dagegen wehren. Vielleicht hilft dazu die Lektüre dieses Buches. Sie erweitert natürlich auch unsere Möglichkeiten, bewußt Suggestionsversuche zu starten. Zu welchem Zweck, das müssen wir vor dem Hintergrund unserer persönlichen Ethik und unseres Menschenbildes entscheiden.

*Drittens*: Eine geglückte Suggestion kann durchaus zum Vorteil unseres Partners sein: Jeder hat das Bedürfnis nach Klarheit, vor allem dann, wenn ihn eine Situation verwirrt, zum Beispiel, wenn er sich krank fühlt. Oft können wir ihm nur über den Umweg der Verschleierung diese klare Sicht der Dinge so vermitteln, daß er sie akzeptieren kann. Jeder hat das Bedürfnis, von anderen anerkannt und akzeptiert zu werden. Daher müssen wir uns hin und wieder suggestiver Strategien bedienen, um das für unseren Partner glaubhaft zu machen.

Jeder weiß zwar, daß es sich beim Austausch von Höflichkeiten oft nur um den Austausch konventioneller Formeln handelt. Aber Höflichkeiten sind gewissermaßen «konventionalisierte Suggestionen». Wenn uns jemand interessiert fragt, wie es uns geht, suggeriert er uns sein Interesse an uns. Wenn er sehr freundlich um Verzeihung bittet, wenn er uns im Bus auf den Fuß getreten hat, suggeriert er uns seine Wertschätzung. Höflichkeit entfaltet auf diese Weise häufig eine geradezu wohltuende Wirkung. Das merken wir spätestens dann, wenn es jemand an der «gebotenen Höflichkeit» fehlen läßt. Und auch ein Lächeln wirkt oft Wunder. Wenn jemand uns zulächelt, werden wir kaum umhinkönnen, selbst zu lächeln. Denn ein Lächeln wärmt die Seele.

Und dann ist da noch die Selbstsuggestion. Die Zeitbombe

nach dem Arztbesuch tickt deshalb so laut, weil wir uns selbst einreden, wir wären sterbenskrank, denn warum sollte unser Hausarzt sonst ein so bedenkliches Gesicht machen. Und wahrscheinlich werden wir dann auch krank. Was können wir uns nicht alles einreden … Daß wir am Boden zerstört sind. Daß wir unsere Arbeit nicht schaffen. Und siehe da: Es geht uns miserabel, und wir brechen wirklich unter der Arbeit zusammen. Aber zum Glück können wir uns auch suggerieren, daß wir mit beiden Beinen fest auf der Erde stehen, daß es uns gutgeht, daß uns etwas Spaß macht. Und siehe da: Auch das klappt. Und zwar erstaunlich gut.

Wie gesagt: Suggestionen sind allgegenwärtig wie das Wetter. Alltäglich entfalten sie ihre Macht. Ihre heimliche Macht, müssen wir sagen, denn kaum einer weiß, wie Suggestionen genau funktionieren. Daß das so ist, macht uns angst, aber gleichzeitig fasziniert es uns auch. In unserem Buch wollen wir diese heimliche Macht für Sie enttarnen, so gut es geht. Wir wollen sie Ihnen bewußt machen und Sie für Suggestionen sensibilisieren. Vielleicht gelingt es Ihnen dann, diese heimliche – und zugleich unheimliche – Macht in den Griff zu bekommen.

Gehen wir es an.


## 1. Was verstehen wir unter Suggestion?

Beginnen wir mit einem kleinen Experiment.

Sie brauchen dazu einen ca. 50 Zentimeter langen Zwirnsfaden, an den Sie einen kleinen, mittelschweren Gegenstand binden, zum Beispiel einen Fingerring oder einen Schlüssel.

Bitten Sie Ihre Partnerin oder Ihren Partner, sich für einen kleinen Versuch zur Verfügung zu stellen.

Die Versuchsperson sitzt breitbeinig auf einem Stuhl, leicht nach vorn gebeugt, und stützt sich mit einem Ellbogen auf ihren Oberschenkel auf (siehe Abbildung).

Zwischen Daumen und Zeigefinger hält sie den Faden. Das Gewicht soll frei über dem Boden hängen. Zwischen den Füßen liegt ein Blatt Papier, auf das ein großes Kreuz gezeichnet ist. Das Pendel hängt genau über dem Kreuzungspunkt der Striche.

Sie als Versuchsleiter sitzen der Versuchsperson gegenüber und beginnen Ihren Suggestionsversuch:

Schau einfach auf die Pendelspitze. Und während du die Spitze weiter beobachtest, kannst du dir vorstellen, wie das Pendel beginnt, von vorne nach hinten zu schwingen. Kleine Bewegungen sind immer da. Und ganz langsam, anfangs fast unmerklich, beginnt das Pendel früher oder später tatsächlich zu schwingen, von vorne nach hinten ...

Diesen Text können Sie wiederholen, abwandeln, bis das Pendel tatsächlich schwingt.

Wichtig ist: Sie als Versuchsleiter müssen genau beobachten, was passiert, und konkrete Formulierungen für die Bewegung des Pendels finden, damit Sie die kleinste Bewegung rückmelden und verstärken können. Durch eine solche Verstärkung erreichen Sie, daß das Pendel stark zu schwingen beginnt. Auf diese Weise können Sie auch die Richtung ändern und zum Beispiel Kreise pendeln lassen.

Wir sagten: Bei diesem Experiment handelt es sich um den Versuch einer Suggestion: Sie versuchen Ihren Partner zu einer Handlung zu veranlassen, indem Sie in ihm bestimmte Vorstellungen und damit Reaktionsmuster aufrufen, ohne daß er sagen könnte, wie es dazu kommt. Wenn das Pendel sich in die entsprechende Richtung bewegt, ist der Suggestionsversuch geglückt.

Haben Sie etwas Geduld. Sie werden gleich erfahren, wie dieses Phänomen zu erklären ist.

Aber wir können nun eine erste Definition versuchen: **Von Suggestion sprechen wir dann, wenn einer den anderen zu bestimmten Reaktionen veranlaßt, ohne daß der andere dies bewußt registrieren muß** oder die Mittel im einzelnen durchschaut. **Ob etwas eine Suggestion ist oder war, entscheidet sich, wenn der andere entsprechend reagiert hat.**

Diese Definition bezieht sich zunächst auf Suggestionen in der Kommunikation mit anderen. Wir nennen das **Fremdsuggestion** und werden in den ersten Kapiteln das Hauptaugenmerk auf diese Form lenken.

Das Pendelexperiment können Sie allerdings auch mit sich selber machen. Setzen Sie sich genauso hin wie ihre Versuchsperson, beobachten Sie die Pendelspitze, und stellen Sie sich dann vor, das Pendel beginne zu schwingen, vor und zurück, vor und zurück … Es *wird* schwingen. Und Sie haben ein schönes Beispiel für eine **Selbstsuggestion**.

Noch ein Beispiel?

Wenn Sie Skiläuferin oder Skiläufer sind, kennen Sie das:

Während einer etwas schwierigen Abfahrt sagen Sie sich eindringlich: Jetzt bloß nicht stürzen. Nicht lange, und Sie liegen auf der Nase.

Und wenn Sie nicht Ski laufen? Nehmen wir an, Sie müssen ein Tablett mit teurem Porzellan durch die Wohnung tragen. Sie ahnen, daß es ratsam ist, die Vorstellung «Jetzt bloß nicht stolpern!» zu vermeiden.

Auch hier sind Sie sich des Zusammenhangs zwischen der Vorstellung und der Auswirkung wahrscheinlich nicht bewußt.

Fremdsuggestion und Selbstsuggestion sind, wie wir sehen werden, eng aufeinander bezogen.

Wir brauchen unsere Definition auch nur leicht zu verändern: **Von Selbstsuggestion sprechen wir dann, wenn wir uns selbst zu bestimmten Reaktionen veranlassen. Das braucht uns nicht bewußt zu sein.**

Allerdings klappt eine solche Selbstsuggestion auch, vielleicht sogar besser, wenn wir die entsprechenden Mittel sehr bewußt einsetzen. Wir werden das in einem Extrakapitel darstellen.


## 2. Wie funktioniert Suggestion?


### SCHRITT 1: Das ideodynamische Prinzip

Wenn das Pendelexperiment geklappt hat – und wir sind sicher, es ist gelungen –, sind Sie wohl gespannt darauf zu erfahren, wie das funktioniert. Gehen wir noch einmal zurück zum Versuch:

Die ersten Anweisungen, die Sie als Versuchsleiter geben, führen dazu, daß sich die Versuchsperson vorstellt, das Pendel komme in Schwingung. Wenn wir uns eine Bewegung vorstellen, löst das in unserer Muskulatur winzige motorische Reaktionen aus. Weil diese Reaktionen nur eine sehr kleine Amplitude haben, kann die Versuchsperson sie nicht wahrnehmen. Die minimalen Fingerspitzenbewegungen lösen ihrerseits kleinste Pendelschwingungen aus.

Diese Schwingungen werden durch die Länge des Pendels vergrößert. Die Versuchsperson beobachtet diese sich langsam aufschaukelnde Bewegung und bekommt so optische Rückmeldungen und Bestätigungen für die Reaktion. Und Sie als Versuchsleiter verstärken diese Reaktion durch Ihre begleitenden Hinweise.

Zusammengefaßt: Die Vorstellung, das Bild, das wir uns von der Bewegung machen, führt zu einer entsprechenden Körperreaktion, löst also die Bewegung aus. Wir nennen diesen Zusammenhang zwischen den Vorstellungen, den Bildern, die in uns aktiviert werden, das **ideodynamische Prinzip**.

Nehmen wir den Begriff beim Wort: Die *Ideen*, die in uns aktiviert werden, lösen eine *Dynamik* aus.

Dieses Prinzip ist genetisch in uns angelegt. Deshalb können wir ihm nicht entkommen. Ideen, Bilder, Vorstellungen in uns – ganz gleich, wodurch sie entstehen – beeinflussen unsere körperlichen Reaktionen wie auch unsere Handlungen und Gefühle.

**Das ideodynamische Prinzip ist für uns die Grundlage der Suggestion.** Anders gesagt: Wenn eine Äußerung oder eine Handlung eines anderen – oder auch ein Gedanke, den wir selber haben – das ideodynamische Prinzip aktiviert, hat das suggestive Wirkung. Das heißt: Wir reagieren mit einer entsprechenden Handlung oder einem entsprechenden Gefühl. Das Bild von der Bewegung löst also die Bewegung aus.

Bei unserem Pendelversuch haben wir **bewußt** versucht, unsere Versuchsperson suggestiv zu beeinflussen. Eine Äußerung mit dem bewußten Ziel, dem anderen etwas zu suggerieren, nennen wir ab jetzt **Suggestionsversuch.**

Einen solchen Suggestionsversuch unternimmt auch Peter Hartmann, Fußballer und Mittelfeldspieler in der Bezirksklassenmannschaft des RSV Geismar. Im Punktspiel am letzten Sonntag bekam der Gegner, der TSV Rittmarshausen, einen Elfmeter zugesprochen. Während der Schütze vom TSV, Bernd Stange, gerade zu seinem weiten Anlauf startete, zischte Peter ihm zu: «Hau ja nicht drüber!» Natürlich haute Bernd den Ball über das Tor. Warum bloß? Peter hatte ihm doch zugezischt: «Hau ja *nicht* drüber!»

Und genau da liegt der Hund begraben: **Unser Unbewußtes reagiert nicht auf Verneinungen.**

Das andere ist jetzt leicht zu erklären: Peter hatte durch seinen Zuruf bei Bernd das ideodynamische Prinzip aktiviert. Dessen Muskulatur hatte sich auf den Schuß eingestellt. In ihm entstand die Vorstellung: Der Ball muß da rein! Diese Koordination «Ball – Schuß – Bewegungsrichtung» wurde durch Peters Zuruf gestört: Da es kein «Bild einer Verneinung» gibt, wurde kurzzeitig aus Bernds Gedächtnisspeicher die bildliche Vorstellung «Ball geht über die Latte» aufgerufen. Das reichte, um die feinmotorische Koordination zu verändern. Und zack, der Elfmeter war verschossen. Das klappt natürlich nur, wenn der Schiedsrichter den kleinen Zuruf nicht hört. Aber man kann es ja mal probieren. Elfmeter sind meistens sowieso unberechtigt.

Übrigens hatte Bernd vermutlich nicht bewußt registriert, auf welche Weise er von Peter manipuliert worden ist.

Der gleiche Effekt, nämlich ein Fehlschuß, hätte übrigens auch eintreten können, wenn der Trainer von Bernd Stange vor dem Spiel gesagt hätte: «Wenn wir einen Elfmeter bekommen, schießt den der Bernd. Aber hau ihn nicht wieder drüber, Bernd!»

Während des Anlaufs hat Bernd diesen Satz seines Trainers im Kopf. Sein Körper reagiert entsprechend. Und der Ball? Zack, über die Querlatte. Der entscheidende Unterschied: Peter Hartmann hatte einen Suggestionsversuch unternommen, in der Hoffnung, daß das eintreten würde, was er beabsichtigt hatte. Er hatte seine eigentliche Absicht (Bernds Fehlschuß) durch die Negation, das «nicht», bewußt verschleiert. Dagegen war es Bernd Stanges Trainer sicher nicht bewußt, welche Folgen sein Hinweis («Aber hau ihn nicht wieder drüber, Bernd!») haben könnte. Aber auch hier gilt: Bernd Stange, der unglückliche Elfmeterschütze, hat mit Sicherheit nicht bewußt registriert, was da mit ihm passiert ist.

Wir können unsere Definition jetzt etwas erweitern: **Von Suggestion sprechen wir dann, wenn einer den anderen zu bestimmten Reaktionen veranlaßt, ohne daß der andere**

**1. dies bewußt registrieren muß,**

**2. die dahinterstehende Absicht erkennt oder**

**3. die Mittel im einzelnen durchschaut.**

**Suggestionen können bewußt oder unbewußt ausgelöst werden. Ob etwas eine Suggestion ist oder war, entscheidet sich, wenn der andere entsprechend reagiert hat.**

Übrigens lassen sich jetzt auch die Beispiele leicht erklären, die wir weiter oben für die Selbstsuggestion gaben:

Der Skiläufer auf der schwierigen Abfahrt sagt sich eindringlich: «Jetzt bloß nicht hinfallen!» Bums, da liegt er auf der Nase.

Die Hausfrau mit dem teuren Porzellan denkt: «Jetzt bloß nicht stolpern!» Und zack!

Oft passiert unausweichlich das, was wir gar nicht wollen.

Unser Unvermögen, in unseren Vorstellungen und Gefühlen

Verneinungen zu erleben, ist nur eine besonders interessante Facette des ideodynamischen Prinzips, die wir täglich erleben und auch erleiden. Denn unsere Alltagssprache macht es uns nicht leicht, solche verneinten Formulierungen und damit unbeabsichtigte Suggestionen zu vermeiden.

«Laß das nicht fallen!»

«Ich will dich nicht verletzen.»

«Das wird nicht weh tun!»

«Mach ja keinen Fehler!»

Wie gesagt: In den meisten Fällen vollziehen sich solche Suggestionen unbewußt. Die Geschichte einer solch unbewußten Suggestion wollen wir Ihnen jetzt erzählen. Sie soll die Grundlage für unsere weiteren Betrachtungen sein.

Karen ist schrecklich aufgeregt. In der ersten Phase des Kundengesprächs mit Herrn Panzer steht sie geradezu neben sich. Warum bloß? Sie hat doch nichts zu befürchten in diesem Gespräch. Das hat ihre Mentorin, Frau Demann, auch gesagt. Und Frau Demann sitzt neben ihr und würde ja wohl auch sofort ins Gespräch einsteigen, wenn's brenzlig wird, ohne daß dies dem Kunden besonders auffällt. Klar, es ist Karens erstes Kundengespräch, seit sie bei der Firma ALFA als Anlageberaterin angefangen hat. Natürlich nicht gleich als Beraterin, zunächst gewissermaßen als «Lehrling». Nach einer ganzen Reihe von Seminaren und Lehrgängen bekam sie eine Mentorin, eben Frau Demann. Karen begleitete Frau Demann zu den Kunden und nahm an den Gesprächen teil, zunächst als Zuhörerin. Doch nun ist es soweit. Sie wird gleich eine Phase des Beratungsgesprächs übernehmen. Welche, das hatte sie mit Frau Demann gestern kurz abgesprochen. Viel hatte die dabei nicht gesagt:

**Demann:** Wir haben morgen das Gespräch mit Herrn Panzer. In seinem Büro.

**Karen:** Das ist ein neuer Kunde?

**Demann:** Möglicherweise. Wenn wir uns vernünftig anstellen.

**Karen:** Wir?

**Demann:** Richtig. Sie werden morgen einsteigen. Sie übernehmen einen Teil des Gesprächs.

**Karen:** Hui. Und welchen?

**Demann:** Die Informationsphase. Sie haben ja das Blatt mit den Informationen, die wir vom Kunden brauchen. Hier sind noch ein paar Daten über Herrn Panzer.

Und am Schluß hatte Frau Demann lächelnd gesagt:

Sie brauchen da wirklich keine Angst zu haben, Karen. So wie ich Sie kennengelernt habe, ist das für Sie kein Problem.

Bis zu diesem kurzen Vorbereitungsgespräch mit ihrer Mentorin hatte sie das auch geglaubt. Und sie hatte sich auch bestens vorbereitet gefühlt auf diesen ersten Kundenkontakt. Und sie weiß, daß Frau Demann sie mag. Aber merkwürdig. Nach diesem Vorbereitungsgespräch stieg die Aufregung in ihr hoch, langsam, aber stetig wie der Pegel des Frühjahrshochwassers am Rhein: Hoffentlich vergeß ich nichts. Und was mache ich, wenn er mir irgendwas nicht sagen will? Schließlich sind das persönliche Daten, die ich da haben will ... Und als sie dann heute vor dem Büro des Kunden standen und Frau Demann ihr einen kameradschaftlichen Klaps gab und leise sagte: «Keine Angst, Karen. Das kann gar nicht schiefgehen», da ging schon in diesem Augenblick irgend etwas schief. Denn nun sitzt sie da mit schweißnassen Händen und hört von irgendwoher die Gesprächseröffnung zwischen Frau Demann und Herrn Panzer. Und gleich wird sie dran sein mit ihrem Part, und dann ...? Nehmen wir das Ergebnis dieses ersten Kundengesprächs von Karen Hartmann vorweg. Sie hat es gepackt. Aber recht krampfig, wie sie selbst findet, jedenfalls keineswegs so sicher und mühelos, wie sie es sich vorgestellt hatte.

Sie hat sich stur an den Merkzettel gehalten, dadurch wurde das Gespräch furchtbar steif. Und die Frage nach den laufenden Krediten hat sie in der Aufregung trotzdem vergessen. Immerhin, Frau Demann ist ganz zufrieden. Aber sie wird sie hinterher im Wagen fragen: «Warum waren Sie denn so schrecklich aufgeregt, Karen?»

Sie als aufmerksamer Leser der ersten Seiten können die Frage natürlich sofort beantworten.

Frau Demann hatte mit ihrer Äußerung «Sie brauchen da wirklich keine Angst zu haben, Karen. So wie ich Sie kenne, ist das für Sie kein Problem» bei Karen das ideodynamische Prinzip aktiviert. Sie wollte ihr helfen, den Druck von ihr nehmen. Schließlich mag sie Karen. Und erreichte – unabsichtlich – das Gegenteil. «Angst», «Probleme», das waren vor diesem Gespräch Begriffe, die für Karen im Zusammenhang mit ihrem ersten Kundenkontakt keine große Rolle spielten. Sie hatte sich schon gewundert, wie gelassen sie ihrer ersten selbständigen Kundenberatung entgegensah. Während sie Frau Demann bei den Gesprächen zuhörte, hatte sie mehrfach gedacht: Das kann ich auch. Es war also alles im Lot. Bis zu jenem letzten Vorbereitungsgespräch mit Frau Demann. Da ihr Unbewußtes – wie wir wissen – nicht auf Verneinungen reagiert, nahm es nur «Angst» und «Probleme» wahr und reagierte entsprechend mit Angst und Verunsicherung.

Die verneinte Aufforderung ist nur eines der Handlungsmuster, die besonders geeignet sind, das ideodynamische Prinzip zu aktivieren, also Suggestionen auszulösen. Ein anderes haben wir ja schon beim Pendelversuch kennengelernt. Und wir werden noch eine ganze Reihe weiterer kennenlernen: die Metapher, das Schlüsselwort, die Implikation, bestimmte Körpersignale. Die verneinte Aufforderung schien uns wegen ihrer einfachen Struktur nur besonders geeignet, uns ins Thema «Suggestion» hineinzuführen. Also machen wir mit unserem Beispiel weiter.

Die Sache mit der verneinten Aufforderung hört sich so an oder – besser – liest sich so, als läge hier eine unausweichliche Gegebenheit vor, die nach dem schlichten Schema von Ursache und Wirkung funktioniert: Immer wenn ich zu einem anderen sage: «Tu XY nicht» oder «Nimm keine XY», ist er unausweichlich dazu verdammt, das «nicht» oder das «keine» zu ignorieren. Ganz so einfach ist es nicht, und es wäre ja auch schrecklich, wenn es so einfach wäre. Die Aktivierung des ideodynamischen Prinzips funktioniert nur dann, wenn bestimmte Voraussetzungen erfüllt sind. Sehen wir uns die Geschichte von Karen dazu etwas genauer an.

### SCHRITT 2: Das Bedürfnis nach Prägnanz

Das erste Kundengespräch ist für Karen eine Situation mit ungewissem Verlauf und ungewissem Ausgang: Wie werde ich mich fühlen? Was mache ich für einen Eindruck? Und wie wird der Kunde sich verhalten? Was wird er fragen, was einwenden? Vergesse ich auch nichts?

Ja, wenn man Erfahrung hat wie Frau Demann … Und die ist auch noch dabei und hört sich alles an. Für Karen ist ihr erstes Kundengespräch geradezu eine Prüfungssituation, von vielen Unwägbarkeiten geprägt. Psychologen würden sagen: Karen erlebt diese Situation als diffus, also wenig **prägnant**.

Die Situation des Elfmeterschützen Bernd Stange vom TSV Rittmarshausen hat zwar prägnante Merkmale:

- die Regeln für einen Elfmeter sind eindeutig,
- da liegt der Ball,
- da steht der Torwart,

aber Bernd *erlebt* diese Situation als ziemlich diffus: Er steht unter hohem Erfolgsdruck und weiß nicht, wie der Torwart reagieren wird. In welche Ecke fliegt er? Und was ist danach? Was sagt der Trainer? Deshalb ist er so anfällig für Peters Suggestionsversuch. Wir kennen viele solcher unprägnanten, also diffusen Situationen: Auch Ferienreisen und Feste gehören für viele dazu. Was mag da passieren? Entspricht das unseren Vorstellungen und Wünschen? Aber da macht die geringe Prägnanz oft gerade den Reiz aus: Laß dich überraschen!

Anders bei Vorstellungsgesprächen, Arztterminen, Prüfungen, Erstgesprächen mit einem Kunden: Die sind trotz ihrer geringen Prägnanz oft existentiell wichtig für uns. Deshalb sind wir in solchen Situationen besonders aufnahmebereit für Suggestionen aller Art.

Nehmen wir an, Sie haben rätselhafte Beschwerden, zum Beispiel Schmerzen, die den ganzen Arm hinunter bis in die Finger ziehen. Eine äußerst diffuse Situation, die Ihnen angst macht. Zumal Ihnen die Nachbarin und vielleicht auch der Kollege Schmitz aus eigenem Erleben Schreckensbilder suggerieren von dem, was das alles sein könnte. Sie gehen zum Arzt, und der sagt Ihnen: «Das kommt von der Wirbelsäule. Da muß im oberen Halswirbelbereich eine Blockade vorliegen. Ich hab hier die Adresse eines guten Chiropraktikers. Der kriegt das schnell hin.» So ist es denn auch. Wenn Sie wieder einmal diese Schmerzen haben, ist für Sie diese Angelegenheit nicht mehr diffus. Wahrscheinlich werden Sie auch weniger unter den Schmerzen leiden. Sie können sie ja jetzt zuordnen.

Halten wir fest: **Prägnanz und Diffusion sind Merkmale**

a.) der Situation und

b.) der Art und Weise, wie wir sie erleben.

Als prägnant erleben wir eine Situation dann, wenn sie bekannt ist, die Abläufe strukturiert, wenn die Folgen kalkulierbar sind. Kurz: **Prägnanz ist klare Kontur.**

In prägnanten Situationen fühlen wir uns sicher und sind weniger offen für Suggestionen.

Umgekehrt: **Diffusion ist fehlende Kontur.**

Diffuse Situationen können wir nicht gut ertragen, denn wir haben ein Grundbedürfnis nach Prägnanz. In der Wahrnehmungspsychologie spricht man von der Suche nach der «guten Gestalt». Und der Transaktionsanalytiker Eric Berne will wohl durch seine Wortwahl deutlich machen, wie elementar und bestimmend dieses Bedürfnis ist, wenn er es «Hunger nach Struktur» nennt. Sie kennen das sicher: Sie sehen ein abstraktes Bild und versuchen in ihm Formen wiederzufinden, die Sie kennen, die Ihnen helfen, das Bild für sich zu entschlüsseln. So geht es uns mit allen Sinneseindrücken. Wenn es uns nicht gelingt, in ihnen Strukturen zu erkennen, sind wir verunsichert.

Und das gilt erst recht für komplexe Situationen. Wenn eine solche Situation verschwommen ist, wenig greifbar, kaum vorhersagbar, dann fühlen wir uns oft ziemlich hilflos.* Das macht uns empfänglich für Beeinflussungen, vor allem für solche, von denen wir uns festere Konturen erhoffen. Werbeleute kennen dieses Muster, aber auch andere «Verführer». Sie bringen uns in eine diffuse Situation oder malen uns eine aus, um uns zu öffnen für ihre Bilder, ihre höchst prägnanten Vorstellungen und Versprechungen, kurz: für ihre Suggestionen.

---

* Depressionen entstehen nicht selten dadurch, daß es dem Betroffenen in seinem Leben an Struktur mangelt.

Man kann sehr bewußt Situationen diffus oder prägnant machen.

Frau Demann hätte versuchen können, für Karen dieses erste Kundengespräch so prägnant wie möglich zu machen, indem sie ihr nicht nur die Phase nennt, die sie übernehmen soll, sondern mit ihr den Merkzettel noch einmal durchgeht, mögliche Problemfragen anspricht und ihr sagt, wie man eventuell auftauchende Klippen umschifft. Beide hätten anhand der vorliegenden Daten auch kurz über den Kunden sprechen können. Und Frau Demann hätte sagen können, daß sie Karen gewissermaßen «auffängt», wenn sie merkt, daß die Sache nicht ganz rund läuft.

Weil sie das nicht tut, bleibt die Situation für Karen ziemlich unprägnant. Zumal Karen aus ihrer Hospitationszeit weiß, daß jedes Gespräch anders verläuft. Vielleicht ist das ja eine Strategie von Frau Demann, sie so unvorbereitet ins Wasser zu werfen, um die Belastbarkeit ihres Schützlings in Streßsituationen zu testen.

Allerdings wollen wir ihr unterstellen, daß sie das Prinzip der Ideodynamik nicht kennt. Deshalb wollen wir annehmen, daß ihre letzte Äußerung nach dem kurzen Vorbereitungsgespräch wirklich ehrlich war:

Sie brauchen da wirklich keine Angst zu haben, Karen. So wie ich Sie kennengelernt habe, ist das für Sie kein Problem.

Allerdings wäre es dann besser gewesen, diese Aufmunterung anders zu formulieren, zum Beispiel so:

Ich freue mich schon auf dieses Gespräch. Ich denke, wir werden ein gutes Team sein.

Auch diese Äußerung nutzt das Prinzip der Ideodynamik. Aber statt der Begriffe «Angst» und «Problem» stehen im Mittelpunkt dieser zweiten Äußerung die Worte «Gespräch» und «gutes Team». Die wecken vergleichsweise angenehme Vorstellungen und können so gewissermaßen «Schlüsselwörter» für Karens Bild von dieser ersten Bewährungsprobe sein. **Schlüsselwörter** sind also eine weitere Möglichkeit, das ideodynamische Prinzip zu nutzen. (Näheres dazu später in Kapitel 2, Abschnitt 6.) Diese Schlüsselwörter geben einer wenig prägnanten Situation gewisse Konturen. Und unmittelbar vor dem Kundengespräch hätte Frau Demann sicher nicht gesagt:

Keine Angst, Karen. Das kann gar nicht schiefgehen!

Vielleicht hätte sie statt dessen gesagt:

Na, in einer Stunde strahlen Sie wieder.

Oder:

Na, in einer Stunde geht's Ihnen richtig gut.

Auf diese Weise hätte sie einen positiven Endzustand definiert, wir können auch sagen: eine positive Prognose gestellt. Sie hätte ihr gewissermaßen Prägnanz suggeriert.

Wir können zusammenfassen:

- Äußerungen und Handlungen anderer können uns Situationen prägnant, aber auch diffus erscheinen lassen.
- **Diffuse Situationen machen uns anfällig für Suggestionen.**
- Wer uns in solchen Situationen prägnante Vorstellungen suggeriert, hat gute Chancen, daß sie ideodynamisch wirksam werden.

### SCHRITT 3: Das Bedürfnis nach Zugehörigkeit oder Abgrenzung

Karens unerwartete Angst vor ihrem ersten Kundengespräch wird noch durch einen anderen Umstand begünstigt. Karen erlebt Frau Demann als sehr netten, umgänglichen Menschen. Ein bißchen verehrt sie sie sogar. Und sie weiß auch, daß Frau Demann sie ihrerseits sehr schätzt. Und nun äußert sie die Erwartungen:

So wie ich Sie kennengelernt habe, ist das für Sie kein Problem.

Diese Erwartungen will sie nicht enttäuschen, und das setzt sie unter Druck, macht sie empfänglich für Suggestionen. Denn hier kommt eine weitere Bedingung für erfolgreiche Suggestionen ins Spiel: das **Bedürfnis nach Zugehörigkeit.**

Wir brauchen die Gemeinschaft mit anderen, wir möchten dazugehören, zu einzelnen Menschen und zu Gruppen. Wie der Mangel an Prägnanz kann auch der Mangel an Zugehörigkeit Depressionen auslösen. Viele wissen, was es heißt, sich «verloren und verlassen zu fühlen». Eine Gruppe dagegen gibt uns Sicherheit nach außen und Anerkennung und Bestätigung im Inneren. Auf dieser Basis entwickeln wir unser Vertrauen in andere, aber auch unser Selbstwertgefühl. Zum Bedürfnis nach Zugehörigkeit gehört das Bedürfnis nach *Zuneigung*. Wir möchten, daß uns andere sympathisch finden, und sind empfänglich für entsprechende Botschaften. Vor allem von Menschen, die wir mögen oder zu deren Kreis wir gehören möchten. Dafür tun wir eine Menge, und wir setzen diese Sympathie nicht gerne aufs Spiel.

Daraus folgt: Menschen, deren Sympathie uns so viel wert ist, haben mit Suggestionen bei uns oft leichtes Spiel. Um so mehr dann, wenn sie für uns als Persönlichkeit und als Autorität einen hohen Status haben, wenn sie für uns Vorbilder sind.

Frau Demann ist nicht nur ein netter Mensch, sondern vor allem eine gute Beraterin. Karen bewundert ihre fachliche Kompetenz, ihre Fähigkeit, auf die Wünsche der Kunden einzugehen, wirklich in erster Linie Beraterin und nicht Verkäuferin zu sein. So gut möchte Karen ihren Job auch einmal machen. Und sie möchte – ähnlich wie Frau Demann – als gute Fachfrau anerkannt werden, bei ihren Kunden und in der Gruppe ihrer Kollegen.

Daraus folgt: Was Frau Demann sagt, hat für Karen besonderes Gewicht. Sagen wir es anders: Äußerungen, die von ihr kommen, sind besonders wirkungsvoll. Verallgemeinert: Personen mit einem hohen Maß an Autorität und Glaubwürdigkeit haben auch ein hohes Maß an suggestiver Kraft. Weil man ihnen ähnlich sein möchte und weil man Vertrauen in sie hat, Vertrauen auch in ihre Fähigkeit, durch ihr Wissen dem, was uns umgibt, Konturen geben zu können.

Hier zeigt sich das Zusammenspiel von Zugehörigkeitsbedürfnis und dem Bedürfnis nach Prägnanz.

Zurück zu Karens Kundengespräch. Frau Demann ist Karen nicht nur sympathisch, sie ist nicht nur eine Autorität, ein Vorbild für sie. Sie ist vor allem ihre Mentorin. Sie hat gewissermaßen Karens Schicksal in der Hand. Ihr Wohlwollen ist also ziemlich wichtig. Das heißt: Es besteht für Karen nicht nur ein *Bedürfnis* dazuzugehören, sondern die *Notwendigkeit*, sich anzupassen.

Zusammengefaßt: Wir sind offen für Suggestionen,
- wenn sie von Menschen kommen, die wir mögen, denen wir also *nahe* sein wollen,
- wenn sie von Autoritäten kommen, von Menschen, die für uns Vorbilder sind, denen wir also *ähnlich* sein wollen,
- wenn sie von jemandem kommen, der zu einer *Gruppe* gehört, zu der auch wir gehören oder gehören wollen.

Verstärkt wird diese Offenheit, wenn diese Menschen in einer Position sind, aus der heraus sie uns belohnen oder bestrafen können, wenn wir ihnen also untergeordnet sind.

Allerdings: Wenn wir unseren Chef oder unseren Prüfer, also den, der das Sagen hat, nicht als Autorität akzeptieren und er uns darüber hinaus auch noch ziemlich unsympathisch ist, werden wir kaum aufnahmebereit für seine Suggestionsversuche sein. Wir werden sie durchschauen und zurückweisen. Und unser *Bedürfnis* nach Zugehörigkeit wird abgelöst von der *Notwendigkeit* mitzumachen. Wenn wir uns anpassen, dann sehr bewußt und nicht deshalb, weil es dem Boß plötzlich einfällt, uns Nähe zu signalisieren. Schwierig wird es allerdings, wenn wir die Situation in unserem Arbeitsbereich ziemlich unprägnant erleben, wenn wir verunsichert sind, nicht wissen, wie wir uns verhalten sollen, Angst haben, etwas falsch zu machen. Dann sind wir wieder offen für Suggestionen, auch oder gerade wenn sie vom ungeliebten Chef kommen:

Machen Sie aber nicht wieder so einen unsicheren Eindruck, wenn Sie mit dem Kunden verhandeln, Frau Börgemüller.

Halten wir noch einmal fest: **Verantwortlich dafür, daß wir empfänglich sind für Suggestionen, ist neben dem Bedürfnis nach Prägnanz das Zugehörigkeitsbedürfnis, das Bedürfnis nach Gemeinschaft und Anerkennung.**

Menschen, die das Ziel haben, andere zu beeinflussen, machen sich dieses Bedürfnis zunutze. Da ist zum Beispiel Herr Abel, der Mann von der Krankenversicherung. Er hat Nils Hartmann, Karens Vater, um einen Termin gebeten, und nun steht er vor der Tür, und Nils macht ihm auf:

**Abel:** Tag, Herr Hartmann.

**Nils:** Tag, Herr Abel, kommen Sie bitte rein.

**Abel:** Eigentlich eine Schande, bei diesem Wetter über so langweilige Sachen wie Versicherungen zu sprechen. Da sollten wir lieber am Baggersee liegen.

**Nils:** Da haben Sie recht. Wir können uns ja immerhin auf die Terrasse setzen.

**Abel:** Prima Idee. (Nils führt seinen Gast auf die Terrasse.) Einen wirklich schönen Garten haben Sie.

**Nils:** Im wesentlichen das Werk meiner Frau.

**Abel:** Bei Ihnen auch?

Herr Abel versucht in seiner Gesprächseröffnung, seinen Kunden da abzuholen, wo er ihn im Augenblick vermutet. Er macht Äußerungen, von denen er annimmt, daß Nils ihnen zustimmen muß («Eigentlich eine Schande ...» – «Einen wirklich schönen Garten haben Sie»). Er schafft mögliche Gemeinsamkeiten («Da sollten wir lieber am Baggersee liegen» – «Bei Ihnen auch?») und macht sich auf diese Weise seinem Partner ähnlich und, wie er hofft, auch sympathisch. Er schafft bewußt Nähe. Und hofft dadurch, Nils aufnahmebereit zu machen für das, was er vorhat. Es geht nämlich darum, Nils für eine Krankenhaus-Zusatzversicherung zu gewinnen.

Clevere Verkäufer oder – wie sie sich heute manchmal auch nennen – «Kundenberater» (übrigens auch ein Begriff mit suggestivem Potential) versuchen, diese Ähnlichkeit, sprich: Nähe, zwischen sich und ihrem Kunden dadurch herzustellen, daß sie sich in der Sprache, im Sprechverhalten, in der Gestik den Gewohnheiten des Kunden anpassen. Wir nennen das spiegeln. Spiegeln ist ebenfalls eine Suggestionsstrategie. Sie umfaßt sämtliche sprachlichen und körperlichen Ausdrucksmittel, also auch die Wortwahl, den Sprechausdruck, die Gestik, Mimik, Körperhaltung, Kleidung. Wir werden sie später ausführlich darstellen. Aber schon hier wird deutlich: Suggestionen funktionieren nicht nur durch Sprache. Auch nichtsprachliche Handlungen oder Verhaltensweisen können suggestiv wirken.

Zurück zu Herrn Abel. Ob es ihm gelingt, Nils für sein interessantes Angebot zur Änderung des Versicherungsvertrags «zu öffnen», ist mehr als fraglich. Wir behaupten sogar, daß sein Suggestionsversuch scheitert. Nils durchschaut nämlich diesen Trick und wird seiner Frau Bettina am Abend zu berichten wissen, mit welchen wunderschönen Floskeln Herr Abel diesmal versucht hat, ihn «einzuwickeln».

Wer auf das Zugehörigkeitsbedürfnis anderer spekuliert, um vor diesem Hintergrund seine Interessen leichter durchsetzen zu können, übersieht oft, daß diesem Grundprinzip menschlichen Fühlens und Handelns ein anderes geradezu «feindlich» gegenübersteht: das **Abgrenzungsbedürfnis, das Bedürfnis, autonom zu sein, frei entscheiden zu können.**

Und dieses Bedürfnis wird besonders dann aktiviert, wenn wir argwöhnen oder direkt feststellen, daß jemand uns «vereinnahmen», in unserer Entscheidungsfreiheit beschneiden will. *Klammheimlich* wie Herr Abel, wenn er uns über unser Zugehörigkeitsbedürfnis dazu verführen möchte, seinen so freundschaftlich und fürsorglich entworfenen Plänen zuzustimmen. Oder *ganz offensichtlich* durch Vorschriften und Befehle. Wenn jemand seine Autonomie in Gefahr sieht, weil ihm ein anderer vorschreiben will, wo es langgehen soll, dann entwickelt er **Widerstand.** Er widerspricht, protestiert oder macht genau das Gegenteil von dem, was der andere von ihm erwartet. Solche «Trotzphasen» unserer Partner sind allerdings vorhersehbar und mit Hilfe von *geeigneten* Reaktionen zu vermeiden. Wie, das werden wir uns noch ansehen.

Genauso wie das Zugehörigkeitsbedürfnis können auch das Abgrenzungsbedürfnis und die damit verbundene Bereitschaft zum Widerstand suggestiv genutzt werden. Indem man diesen Widerstand bewußt provoziert – eine erfolgversprechende Strategie.

Hans Riebensahm möchte einen Patienten indirekt ermuntern (ihm suggerieren), sein Verhalten zu ändern, und rät ihm: Solange Sie noch so eingespannt sind, sollten Sie in keinem Fall etwas an der Sache ändern.

Oder er sagt es noch direkter:

Ich glaub nicht, daß Sie das tun sollten, solange Sie noch so eingespannt sind.

Sie haben es erkannt: Hier kommt zusätzlich die Strategie der verneinenden Äußerung ins Spiel:

... sollten Sie *in keinem Fall* ... ändern ...

... glaub *nicht,* daß Sie das tun sollten ...

Sie erinnern sich: Negationen suggerieren ihr Gegenteil.

Betrachten wir in diesem Zusammenhang noch einmal Frau Demann: Sie nimmt – wie wir wissen – ihre Beraterinnenfunktion sehr ernst. Natürlich möchte sie, daß ein Kunde die von ihr empfohlenen Aktien ordert oder sein Geld in einem Aktienfonds anlegt. Aber sie will auch, daß dieser Kunde sich wirklich beraten fühlt. Es kommt deshalb vor, daß sie am Ende eines solchen Gesprächs darauf verzichtet, dem Kunden den Stift zur Unterschrift in die Hand zu drücken. Oft sagt sie auch:

Sie sollten jetzt noch nicht unterschreiben, sondern die Sache noch einmal überschlafen.

Sie glaubt, auf diese Weise besonders seriös und partnerschaftlich zu handeln. Manchmal wundert sie sich dann allerdings, daß auch ein Kunde, den sie als kritisch und selbstbewußt erlebt hat, jetzt zum Stift greift und ohne weiter nachzufragen, seine Unterschrift unter den Vertrag setzt.

Die Deutung können Sie sich jetzt aussuchen:

a.) Frau Demann hat das Abgrenzungsbedürfnis des Kunden akzeptiert und unterstützt. Und der «nimmt sich jetzt die Freiheit» zu unterschreiben.

b.) Frau Demann hat mit ihrer Empfehlung bei ihrem Kunden Widerstand erzeugt, denn der empfindet ihren Vorschlag als Eingriff in seine Autonomie und unterschreibt deshalb.

Wenn Sie ein weniger komplexes Beispiel dafür suchen, wie man Widerstand herausfordern kann, um den anderen dazu zu bringen, etwas Bestimmtes zu tun: Wie oft haben Sie als Kind (oder als Erwachsener?) folgende Formel gebraucht:

Wetten, daß du dies oder jenes nicht schaffst (oder wagst)?

Mehr zu dieser sehr erfolgversprechenden Strategie der Provokation in Kapitel 2.

Aus dem Gegensatz von Zugehörigkeits- und Abgrenzungsbedürfnis können heftige Konflikte erwachsen. Das merken wir immer dann, wenn wir uns gezwungen sehen, einer – wie wir finden – blödsinnigen Sache zuzustimmen, nur weil wir sonst die Zugehörigkeit zu einer Gruppe oder eine Partnerbeziehung aufs Spiel setzen.

Hans Riebensahm und Klaus Pawlowski haben schon deshalb keine Lust auf eine politische Karriere, weil sie dann oft gezwungen wären, ihre persönliche Meinung der Parteimeinung unterzuordnen. In parlamentarischen Entscheidungsgremien heißt das «Parteiräson» oder «Fraktionszwang». Wer in einer Seilschaft mitklettern will, muß *den* Gipfel stürmen, den auch die anderen angehen, muß sich verpflichten, dort in die Wand zu steigen, wo es der Chefkletterer für richtig hält, und jeden der Mannschaft sichern, damit er nicht abrutscht und sich die Knochen bricht.

Fassen wir kurz zusammen:

1. **Jede Äußerung oder Handlung kann suggestiv wirken (enthält also suggestives Potential, wenn sie das ideodynamische Prinzip aktiviert, also Bilder und Vorstellungen weckt, die unmittelbar unsere Handlungen und Empfindungen beeinflussen.**

2. **Wir sind besonders dann offen für Suggestionen, wenn zwei Voraussetzungen erfüllt sind: Wir empfinden ein starkes Be-**

dürfnis nach Zugehörigkeit und erleben eine Situation oder einen Zustand als diffus und haben entsprechend ein verstärktes Bedürfnis nach Prägnanz.

Beide Phänomene sind häufig sehr stark aufeinander bezogen:

Wer schon einmal allein auf einem großen Flughafen in einer fremden Stadt angekommen ist (unprägnante Situation), wird sich mit Sicherheit ein wenig allein gelassen vorgekommen sein (Zugehörigkeitsbedürfnis).

Das Zusammenspiel der beiden Prinzipien wird auch in größeren gesellschaftlichen Zusammenhängen deutlich: Viele Menschen erleben heutzutage die Welt um sich herum als ziemlich diffus.

Sie empfinden deshalb ein tiefes Bedürfnis nach Sicherheit. Sicherheit bekommen sie in Gruppen, in denen sie dazugehören, in denen sie akzeptiert werden, in denen sie Vertrauen aufbauen können. Wenn diese Gruppen einfache Ziele haben, überschaubare Strukturen, sind sie besonders attraktiv. Führungspersonen in diesen Gruppen gewinnen Vorbildfunktion und damit ein hohes Maß an suggestiver Kraft.

Statistiken behaupten, daß in den neuen Bundesländern Sekten und radikale Gruppierungen erheblich größeren Zulauf haben als in den alten Bundesländern. Warum diese Statistiken recht haben könnten, läßt sich mindestens zum Teil aus dem Zusammenspiel von geringer Prägnanz und Zugehörigkeitsbedürfnis erklären.

Verlassen wir hier die Bühne der großen Zusammenhänge, und gehen wir zurück in Karens Anlageberatungsfirma, auf die Terrasse der Hartmanns und in Hans Riebensahms psychotherapeutische Praxis, also dahin, wo einzelne Menschen miteinander sprechen.

## SCHRITT 4: Der situative Rahmen

All unsere Beispiele haben eines gezeigt: Ob wir das Bedürfnis haben, dazuzugehören oder uns abzugrenzen, ob wir eine Situation als prägnant oder diffus erleben, hängt von den Bedingungen eben dieser Situation ab, von ihrem äußeren Rahmen. Und jeder der Beteiligten erlebt diese Situation anders, je nachdem, welche Rolle er in dem Gespräch spielt. Ein Erstgespräch zur Anlageberatung wird wahrscheinlich zu Beginn von beiden Beteiligten als nicht sehr prägnant erlebt. Und zwar aus unterschiedlichen Gründen: Der Berater kennt den Kunden nicht, kann seine Einstellungen und Interessen nicht einschätzen. Der Ratsuchende versteht nichts von der Sache und kann nur hoffen, zu seinem Vorteil beraten zu werden. Sein Zugehörigkeitsbedürfnis (sprich: Vertrauen) ist zunächst meistens nicht sehr groß.

Ein Gespräch in einer ärztlichen oder psychotherapeutischen Praxis wird mit großer Wahrscheinlichkeit vom Rat- oder Heilungsuchenden diffuser erlebt als vom Arzt oder Therapeuten. Deshalb ist auch das Zugehörigkeitsbedürfnis (auch hier: Vertrauen) des Patienten im allgemeinen ziemlich groß.

Ein junger Mitarbeiter spürt im Kreis älterer und erfahrenerer Kollegen sein Zugehörigkeitsbedürfnis im allgemeinen stärker als die alten Hasen. Wie gesagt: im allgemeinen. Denn keine Situation ist wie die andere.

Wie wir sie erleben, hängt von folgenden Faktoren ab:
1. Wer ist der andere?
2. Welche Beziehung besteht zwischen uns?

Das heißt zum einen: Wer hat in dieser Situation das Sagen (zum Beispiel, weil er mehr weiß oder weil er der Chef ist)?

Das heißt zum anderen: Wie verstehen wir uns? Und wie «sehen» wir einander?

3. Worum geht es in dem Gespräch? Um ein Projekt? Um einen Vertrag? Ein Problem?
4. Warum, also aus welchem Grund sitzen wir beisammen? Hat einer von uns um dieses Gespräch gebeten?
5. Welche Interessen, welche Ziele hat jeder von uns? Will einer von uns einen Rat? Wollen wir eine Lösung? Oder nur der eine von uns? Wollen wir nur die Ansichten der Gegenseite kennenlernen?
6. Wo findet das Gespräch statt? Und wann?

Wir haben in unserem Buch «Konstruktiv Gespräche führen» (rororo sachbuch 60396, S. 32) eine Formel zur Bestimmung solcher Situationen eingeführt:

**Wer** (in welcher Rolle) spricht?

**Zu wem** (in welcher Rolle)?

**Wann?**

**Worüber?**

**Warum** (aus welchem Anlaß)?

**Wozu** (mit welchem Ziel)?

**Wann?**

**Wo?**

Schon die Aufzählung dieser Situationsbedingungen läßt den Schluß zu: Jeder der Beteiligten erlebt die gleiche Grundsituation (Arztbesuch, Gespräch beim Chef, Beratung, Kollegengespräch) anders, also auch unterschiedlich prägnant oder diffus, mit unterschiedlichem Bedürfnis, dazuzugehören oder sich abzugrenzen.

Deshalb ist er in der einen Situation offener für Suggestionen als in der anderen.

## SCHRITT 5: Die persönliche Disposition

Und nicht jeder ist gleichermaßen empfänglich für Suggestionen. In der gleichen Situation reagiert der eine so, der andere so. Viele unserer Leser würden sicher vor einem schwierigen Gespräch anders reagieren als Karen. So etwas könnte sie gar nicht aus der Ruhe bringen. Und eine Äußerung wie die von Frau Demann («Keine Angst, Karen. Das kann gar nicht schiefgehen») baut sie in ähnlichen Situationen eher auf.

Wenn wir Bettina Hartmann, die Mutter von Karen und Peter, nach den unterschiedlichen Wesensmerkmalen ihrer Kinder fragen könnten, würde sie unter anderem sagen: «Wissen Sie, Karen war schon immer sehr sensibel und ein bißchen ängstlich. Die kleinste Veränderung haute sie um. Und in den Kindergarten wollte sie zuerst überhaupt nicht. Und wenn man mal geschimpft hat, oje. Und schmusebedürftig, das können Sie sich nicht vorstellen. Dauernd hing sie mir am Rockzipfel.

Peter dagegen? Ich sage mal: stabil. Den warf so leicht nichts aus der Bahn. Irgendwie ruhte der in sich. Wenn wir wo hinkamen, Urlaub oder so, sofort war der da zu Hause. War auch kein bißchen scheu vor fremden Menschen. Fast zu vertrauensselig. Und der mußte alles ausprobieren. Geschmust? Ja, hat er auch. Aber mehr so selbstbewußt: Ich brauch das jetzt ... also bitte. Wenn Sie verstehen, was ich meine. Und wenn mein Mann oder ich keine rechte Lust dazu hatten oder keine Zeit, dann war's auch gut. Selbstsicher, ich glaub, das ist das richtige Wort. Wir mußten uns immer vorsehen, daß wir Karen nicht mehr Zuwendung gaben als Peter.»

In unsere neugewonnene Terminologie übersetzt: Karen erlebt viele Situationen als unprägnant und reagiert dann mit Angst. Sie hat ein starkes Bedürfnis nach Prägnanz, also nach

Sicherheit. Und das verstärkt auch ihr Zugehörigkeitsbedürfnis.

Peter reagiert erheblich stabiler in unprägnanten Situationen, oder er macht sie sich prägnant. Sein Zugehörigkeitsbedürfnis ist weniger stark ausgeprägt als sein Abgrenzungsbedürfnis.

Wir wagen die Prognose, daß Peter weniger anfällig für Suggestionen, also weniger **suggestibel** ist als Karen.

Wenn wir Bettina Hartmann fragen würden, ob sie dafür eine Erklärung hat, würde sie vielleicht sagen: «Na ja, Karen war ja unser erstes Kind. Da waren wir noch ziemlich unsicher, ob wir alles richtig machen. (Aha, denken Sie jetzt als aufmerksamer Leser, unprägnante Situation.) Und dann kamen auch noch die Omas und rieten uns dies und das und mäkelten, daß sie das mit uns ja damals völlig anders … Na ja, Sie wissen schon. Bei Peter war das dann alles unkomplizierter. Da wußten wir ungefähr, wie's laufen muß, ist ja klar.» So weit Mutter Bettina. Wahrscheinlich.

## 3. Der Test

Vielleicht drängt sich Ihnen, während Sie das jetzt lesen, die Frage auf: Wie suggestibel bin ich eigentlich? Und mein Partner? Bitte, wir haben für Sie einen kleinen – zugegeben, nicht sehr wissenschaftlichen – Test zusammengestellt. Ein bißchen wie eine Mischung aus «Brigitte» und Apothekenzeitschrift, aber irgendwie muß so etwas jetzt kommen, haben wir gedacht.

Hier also die Testsituationen:

**1.** Sie fotografieren viel und haben für Ihre Fotoarbeiten ein Stammgeschäft. Dort werden Sie zuvorkommend bedient, ja sogar mit Ihrem Namen angesprochen. Nun hat genau gegenüber ein neuer Fotoladen eröffnet, der seine Fotoarbeiten zu einem wesentlich günstigeren Preis anbietet.

**a.)** Sie bleiben trotzdem ihrem Stammgeschäft treu.　1

**b.)** Sie lassen Ihre Filme in dem neuen Geschäft bearbeiten, vermeiden aber, daß man Sie von drüben sieht.　3

**c.)** Sie lassen Ihre Fotoarbeiten in dem neuen Geschäft machen.　5

**2.** Sie gehen in ein Fachgeschäft, um ein technisches Gerät zu kaufen (Computer, Videokamera ...). Der Verkäufer preist Ihnen die Vorzüge der Artikel an, die er Ihnen vorstellt. Sie verstehen aber so wenig davon, daß Ihnen diese Hinweise kaum Entscheidungshilfen geben.

**a.)** Sie decken sich tüchtig mit Informationsmaterial ein, um sich von einem befreundeten Fachmann oder in der Verbraucherzentrale schlauzumachen.　3

**b.)** Sie hören dem Verkäufer freundlich zu. Sie verlassen sich auf seine Sachkenntnis und nehmen dann das, was er Ihnen empfiehlt.　5

**c.)** Sie fragen dem Verkäufer ein Loch in den Bauch, bedanken sich und sagen ihm, daß Sie sich zunächst nur informieren wollen.　1

**3.** Sie gehen in ein Textilgeschäft und wollen eine Jacke kaufen. Sie wissen genau, wie sie aussehen soll. Wenn Sie das Geschäft verlassen, haben Sie in Ihrer Tüte einen sehr schönen Anzug oder ein Kostüm, ein passendes Hemd, die entsprechende Krawatte oder eine schöne Bluse.

**a.)** Das könnte Ihnen nie passieren.     1

**b.)** Etwas Ähnliches ist Ihnen schon passiert.     5

**c.)** Sie können nicht ausschließen, daß auch Ihnen so
etwas passieren könnte.     3

4. Sie fühlen sich nicht wohl: morgens immer so matt und leichte
Kopfschmerzen. Sie gehen zum Hausarzt. Der stellt nach
gründlicher Untersuchung fest: «Kein organischer Befund.
Aber ich schreib Ihnen da mal was auf. Dreimal am Tag ein
Dragee nach dem Essen.»

**a.)** Sie nehmen das Medikament wie verordnet.     5

**b.)** Sie kaufen das Medikament, studieren aber zu Hause
genau den Beipackzettel, und als Sie die Nebenwirkungen
lesen, entschließen Sie sich, das Medikament nicht zu
nehmen.     3

**c.)** Sie lassen das Rezept in der Brieftasche oder das
Medikament ungenutzt im Schrank.     1

5. An einem Abend in der Woche treffen Sie sich mit Freunden zu
einem Tennisdoppel (oder in der Sauna oder ...). Sie haben
sich vorgenommen, hinterher nicht wie die anderen bis in
die Puppen im Clubhaus (oder in der Stammkneipe oder ...)
hängenzubleiben. Um 23 Uhr wollen Sie auf jeden Fall zu
Hause sein.

**a.)** Sie wollen sich kurz vor 23 Uhr verabschieden, lassen sich
aber überreden, «noch ein halbes Stündchen zu bleiben».     3

**b.)** Sie schauen irgendwann auf die Uhr und stellen fest: Es
ist schon fünf vor zwölf.     5

**c.)** Sie verabschieden sich von Ihren Freunden und lassen sich
nicht überreden, «noch ein halbes Stündchen zu bleiben».
Sie gehen wie geplant kurz vor 23 Uhr.     1

**6.** Sie stehen im Supermarkt in einer langen Schlange und haben nur Butter, etwas Aufschnitt, ein Glas Gurken und eine Flasche Apfelsaft im Korb. Noch zwei Kunden, dann sind Sie dran. Da kommt von hinten ein anderer Kunde (Kundin) und fragt Sie sehr höflich: «Verzeihen Sie bitte, würden Sie die Freundlichkeit haben, mich rasch vorzulassen? Ich habe nur vier Teile.»

**a.)** Sie nicken freundlich und treten zur Seite. **5**

**b.)** Sie reagieren ärgerlich und verweisen den Drängler ans Ende der Schlange. **1**

**c.)** Sie lassen die Person nur vor, wenn sie besonders attraktiv oder deutlich älter ist als Sie. **3**

**7.** Sie sitzen in einer Runde von Bekannten. Da kommt das Gespräch auf ein brisantes politisches Thema. Sie stellen nach kurzer Zeit fest, daß Sie mit Ihrer Meinung völlig allein stehen.

**a.)** Sie vertreten engagiert Ihre Meinung. **1**

**b.)** Sie hören im Gespräch hauptsächlich zu und halten sich zurück. **3**

**c.)** Sie ertappen sich dabei, daß Sie an einigen Stellen zustimmend nicken. **5**

**8.** Sie sind auf der Autobahn unterwegs. Vor Ihnen ist ein Unfall passiert, und ein Polizist winkt Sie von der Autobahn auf eine Umleitung. Sie sind sich eigentlich sicher, daß Sie vom Zubringer nach links abbiegen müssen. Die Autos vor Ihnen fahren aber alle nach rechts.

**a.)** Sie biegen Ihrer Auffassung entsprechend links ab. **1**

**b.)** Sie haben arge Zweifel, wie Sie nun fahren müssen, und schließen sich vorsichtshalber der Schlange an. **5**

**c.)** Sie fahren kurz an die Seite und ziehen noch einmal die Karte zu Rate. **3**

**9.** Sie haben zu einem aktuellen Thema (als wir dieses Buch schrieben, war's der Euro) keine feste Meinung, weil Sie zu wenig darüber wissen. Und Sie kapieren auch nicht so richtig, wo das Problem eigentlich liegt. Aber die Sache ist in aller Munde: im Kollegenkreis, bei Freunden, im Sportverein, überall spricht man darüber. Die einen meinen dies, die anderen meinen das.

**a.)** Je nachdem, mit wem Sie sprechen, meinen Sie mal dies und mal das. **5**

**b.)** Sie sagen, daß Sie dazu noch keine Meinung haben und sich erst informieren wollen. **1**

**c.)** Sie fragen interessiert nach, um zu erfahren, warum die einen dies und die anderen das meinen. **3**

**10.** Sie haben in Ihrem Computer das Betriebssystem «Windei 75». Sie sind mit dem Programm eigentlich zufrieden. Aber in Ihrem Briefkasten entdecken Sie ein Werbeprospekt für das tolle neue Programm «Windei 77» mit noch schönerer Benutzeroberfläche und interessanten neuen Funktionen zu einem sensationell niedrigen Preis.

**a.)** Sie kaufen sich sofort dieses neue Programm. **5**

**b.)** Sie werfen die Werbung in den Papierkorb. **1**

**c.)** Sie werden neugierig und besorgen sich weitere Informationen darüber, ob das wirklich für Sie etwas bringt. **3**

Tragen Sie die Summe Ihrer Punkte bitte hier ein

Sie haben es sicher schon entdeckt. Wenn Sie sich für eine Handlung entscheiden, hinter der eine 1 steht, zeigen Sie in diesem Fall ein geringes Maß an Suggestibilität. Und das wäre doch sehr schön, oder? Hand aufs Herz. Hat der Wunsch, nur geringfügig

suggestibel zu sein, nicht hin und wieder Ihre Hand beim An-
kreuzen gelenkt? Hier steckt ein großes Problem im Hinblick auf
die Aussagekraft solcher Tests.

Und vielleicht lag Ihnen bei der einen oder anderen Testfrage
auch der Satz auf der Zunge: «Das kommt auf die Situation an.»

Nehmen wir Situation 9. Natürlich werden Sie eher der
«Herde folgen», wenn Sie sich im Ausland unterhalten oder
wenn Sie nach neun Stunden Fahrt völlig kaputt sind.

Oder die Sache mit der Meinungsäußerung im Bekannten-
kreis. «Na klar», werden Sie sagen, «wenn Personen dabei sind,
von denen meine Existenz abhängt, werde ich sicher meine ab-
weichende Meinung nicht so offen raushängen.»

Daß die jeweilige Situation eine große Rolle spielt, haben wir ja
schon oben klarzumachen versucht. Und wie alle Persönlichkeits-
tests gibt auch dieser nur sehr vordergründig Auskunft über Ihre
grundsätzlichen Grenzen und Möglichkeiten. Möglicherweise
hat er Sie aber sensibilisiert für das Phänomen der Suggestibilität
im allgemeinen – und für die Weise, wie Sie selbst damit umgehen.

Deshalb zunächst die Beurteilung Ihrer Kreuzchen und danach noch ein Stückchen Analyse der Testfragen, auch unter dem
Gesichtspunkt, ob nicht die Form unserer Situationsbeschrei-
bungen und die Formulierungen unserer Fragen hin und wieder
ziemlich suggestiv sind.

## Die Auswertung des Tests
Die Summe Ihrer Punkte

**11 bis 16:** Sie gehen unbeirrt Ihren Weg. Allerdings laufen Sie
Gefahr, bei anderen als egozentrisch und ungesellig zu gelten.

**17 bis 21:** Sie lassen sich nicht so schnell einwickeln. Ihnen macht man kein X für ein U vor. Ihnen ist es wichtig, eigenes Profil zu haben und sich nicht von anderen sagen zu lassen, was für Sie gut ist. Möglicherweise empfinden andere Sie als «schwierig» oder «kompliziert».

**22 bis 44:** Sie sind «normal» suggestibel. Sie nehmen nicht alles unbesehen hin, was andere Ihnen versuchen weiszumachen. Aber Sie sind durchaus auch bereit, sich mal anzupassen. Denn Geselligkeit ist für Sie wichtig. Dafür sind Sie auch geneigt, mal etwas ungesagt zu lassen.

**45 bis 55:** Sie sind ein sehr geselliger Typ, und es bedeutet Ihnen viel, beliebt zu sein. Allerdings laufen Sie Gefahr, von anderen als Opportunist angesehen zu werden, der sein Fähnchen nach dem Wind hängt und keine eigene Meinung vertritt.

Wir wollen uns diesen Test etwas genauer ansehen. In einigen Testsituationen wird schwerpunktmäßig das Bedürfnis nach Prägnanz, in anderen das Bedürfnis nach Zugehörigkeit oder Abgrenzung erfragt, einige betreffen das Zusammenspiel zwischen diesen Bedürfnissen.

Testfrage **1** (Fotogeschäft) bezieht sich vor allem auf das Bedürfnis nach Zugehörigkeit.

In Testsituation **2** gehen wir in erster Linie davon aus, daß Sie wenig von Computern verstehen, daß solche Kauf-, sprich: Entscheidungssituationen also ziemlich diffus für Sie sind.

Im Hintergrund spielt allerdings hier auch das Zugehörigkeitsbedürfnis eine Rolle: Man will halt nicht zugeben, daß man nicht Bescheid weiß in einem Bereich, in dem heute offensichtlich alle Bescheid wissen.

In Testsituation **3** geht es in erster Linie um Zugehörigkeit, um Ihre Bereitschaft, sich von einem Verkäufer oder einer Verkäuferin um den Finger wickeln (sympathisch ausgedrückt: beraten) zu lassen, vielleicht nur deshalb, weil er oder sie es versteht, Ihnen Wertschätzung und Nähe zu suggerieren.

Situation 4 ist ziemlich unprägnant. Das ist typisch für Krankheiten, vor allem dann, wenn man sie nicht so recht einordnen kann.

In den Situationen 5, 6 und 7 geht es um das Bedürfnis nach Zugehörigkeit. Dabei unterscheidet sich die sechste von den beiden anderen. Hier geht es nicht darum, zu einer Gruppe zu gehören, sondern um Ihr Harmoniebedürfnis, darum, sympathisch oder unsympathisch zu wirken, ähnlich wie in der ersten Situation.

Situation 8 ist wiederum ziemlich diffus.

In Situation 9 spielen beide Prinzipien eine Rolle. Sie sind noch stärker aufeinander bezogen als in Situation 2. Schließlich sind es Freunde und Kollegen, vor denen man nicht zugeben möchte, wie wenig prägnant das Problem für uns ist.

Diffus ist auch die Situation 10. Die geringe Kenntnis der objektiven Beschaffenheit vieler Produkte macht häufig deren Verkaufserfolg aus.


Wir haben es schon angedeutet: Wie bei den meisten Tests, die Sie in Zeitschriften finden, enthalten auch unsere Fragen suggestives Potential, das heißt: Sie sind so formuliert, daß sie Ihnen eine bestimmte Entscheidung geradezu aufdrängen.

Sehen wir uns das an einem Beispiel an:

Die Handlungsalternativen zur Situation 1 lauten:

a.) Sie bleiben trotzdem ihrem Stammgeschäft treu.

b.) Sie lassen Ihre Filme in dem neuen Geschäft bearbeiten, vermeiden aber, daß man Sie von drüben sieht.

c.) Sie lassen Ihre Fotoarbeiten in dem neuen Geschäft machen.

Alternative a.): «Treu bleiben» ist eine Tugend mit hohem sozialen Wert. Treue impliziert Zuverlässigkeit. Und wer will gerne unzuverlässig sein?

Unsere Formulierung unterstellt (will suggerieren): Wer sein Stammgeschäft einfach so wechselt, ist unzuverlässig.

Denn ein «Stammgeschäft» bindet uns, der Begriff suggeriert Zugehörigkeit.

Wir hätten das auch neutraler formulieren können, zum Beispiel: «Sie bringen Ihre Filme weiter in dieses Geschäft.»

Alternative b.) unterstellt Ihnen ein schlechtes Gewissen, ohne es explizit zu sagen. Sie sollen ähnliche Situationen emotional nacherleben.

Neutraler hätten wir es so ausdrücken können: «Sie lassen Ihre Filme in dem neuen Geschäft bearbeiten, haben aber ein schlechtes Gewissen (man könnte Sie von drüben sehen).»

Hätten Sie diese Alternative eventuell eher angekreuzt? Weil es Ihnen so leichter gelingt, sich von dieser Möglichkeit zu distanzieren? Oder wie wäre es mit dieser Formulierung: «Sie lassen Ihre Filme in dem neuen Geschäft bearbeiten, können aber leichte Bedenken nicht leugnen.»?

Alternative c.) haben wir bewußt neutral formuliert. Wir hätten auch sagen können: «Sie haben keinerlei Bedenken, Ihre Fotoarbeiten in dem billigeren Geschäft machen zu lassen.»

Damit hätten wir versucht, Ihnen zu suggerieren, daß man durchaus Bedenken haben könnte. Denn so eine Verneinung, Sie wissen es ja jetzt, suggeriert häufig das Gegenteil.

Und wenn wir nicht nur «Bedenken», sondern «Skrupel» für möglich gehalten hätten?

Wir wissen nicht, für welche Alternative Sie sich bei dieser ersten Situation entschieden haben. Wenn Sie sich für einen modernen, nüchternen Menschen halten, der «Treue» allenfalls für die Liebe oder seinen Lieblingsklub reserviert und der es nicht nötig hat, sich heimlich in das billigere Geschäft zu schleichen, werden Sie selbstverständlich c.) angekreuzt haben.

Merken Sie es? Jetzt versuchen wir schon wieder eine Suggestion. Oder wollen Sie nicht dazugehören zu der Gruppe der modernen, nüchternen Menschen?

Aber Hand aufs Herz: Wie hätten Sie Ihr Kreuzchen gesetzt, wenn die Handlungsalternativen so ausgesehen hätten?:

a.) Sie bringen Ihre Filme weiterhin in das zwar etwas teurere, aber zuverlässige Geschäft.

b.) Sie gehen in das billigere Geschäft, können aber leichte Bedenken nicht leugnen.

c.) Sie haben keine Skrupel, Ihre Filme in den Billigladen zu bringen.

Meinen Sie nicht auch, daß diese Billigläden die alteingesessene Geschäftswelt kaputtmachen? Und liefern die wirklich zuverlässige Arbeit für Ihr gutes Geld?

Schluß, es reicht. Immerhin könnte es interessant sein, auch die anderen Situationen und Handlungsalternativen unseres Tests auf ihre suggestive Ladung hin zu untersuchen.

Wir behaupten: Alle Tests, die bestimmte Eigenschaften, Fähigkeiten oder Einstellungen eines Menschen nachweisen wollen, benutzen suggestive Formulierungen, bewußt oder unbewußt. Sie steuern damit die Entscheidungen der Testperson in eine bestimmte Richtung. Deshalb sind die Eignungstests vieler Firmen auch so fragwürdig.

## 4. Ein Modell

Wir haben Ihnen einen kurzen Einblick in die Welt der Suggestion gegeben: Wie kommt es, daß der eine den anderen in eine bestimmte Richtung steuern kann, ohne daß der das merkt? Wann und unter welchen Umständen sind wir besonders offen für Suggestionen, also besonders suggestibel, wie die Psychologen sagen? Und: Ist Suggestion wirklich so geheimnisvoll? Ist sie nicht alltäglich? Vielleicht haben Sie jetzt Lust, die Mittel kennenzulernen, mit denen Sie etwas suggerieren können. Und dann wollen Sie vermutlich auch wissen, wie Sie Suggestionsversuche anderer erkennen und – sofern Ihnen das zweckmäßig erscheint – sich dagegen abgrenzen können. Ein wenig Geduld noch. Bevor wir unseren Erkundungsgang beginnen, wollen wir das bisher Beschriebene noch einmal in einem Überblick zusammenfassen und in einem graphischen Modell verdeutlichen.

Zunächst zur Erinnerung: Von Suggestion sprechen wir dann, wenn einer den anderen (bewußt oder unbewußt) zu einer bestimmten Reaktion veranlaßt, ohne daß der andere das bewußt registrieren muß, ohne daß er die dahinterstehende Absicht erkennt oder die Mittel der Suggestion im einzelnen durchschaut. Ob eine Äußerung, eine Handlung eine Suggestion war, kann also erst aus der entsprechenden Reaktion des Betroffenen erschlossen werden.

Im Prinzip enthält jede Äußerung suggestives Potential, wenn sie in der Lage ist, das ideodynamische Prinzip zu aktivieren. Das klappt besonders gut dann, wenn wir eine Situation als diffus erleben, wenn also unser Bedürfnis nach Prägnanz sehr groß ist und / oder wenn wir ein starkes Bedürfnis nach Zugehörigkeit und Anerkennung haben.

Beide Bedürfnisse sind unabhängig von der konkreten Situation in jedem von uns unterschiedlich stark ausgeprägt. Wir sind also in unterschiedlichem Maß suggestibel.

Fassen wir das zusammen in unserem Modell der Suggestibilität:

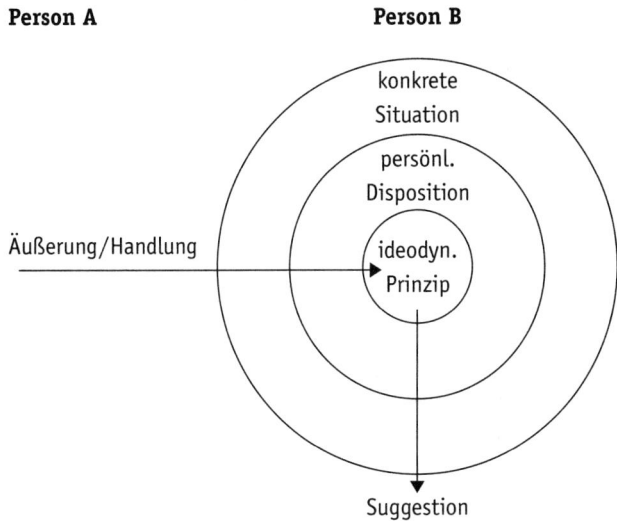

Noch einmal: Jede Äußerung kann das ideodynamische Prinzip aktivieren,
a.) wenn die **Bedingungen der Situation** und
b.) unsere **persönliche Disposition** es zulassen.
Beide wirken gewissermaßen als Filter für die Äußerung.

Wir sind Ihnen noch ein Beispiel für die Behauptung schuldig, daß praktisch *jede* Äußerung suggestiv wirken kann, wenn sie auf fruchtbaren Boden fällt.

Der Pfleger Peter Hartmann und Schwester Monika wechseln im Krankenzimmer von Herrn Winkler die Bettwäsche. Herr Winkler sitzt derweil auf einem Stuhl am Fenster. Schwester Monika und Peter unterhalten sich:

**Peter:** Du hast es gut. Morgen abend paddelst du schon im warmen Mittelmeer.

**Monika:** Du, ich freu mich auch schon riesig. Stell dir vor: im warmen Sand liegen und das Meer rauschen hören.

Und so malen die beiden in ihrem Gespräch weitere schöne Urlaubsbilder.

Und die entwickeln sich auch in Herrn Winkler als Zuhörer. Bilder seines letzten Urlaubs in Spanien. Sie füllen ihn ganz aus und wärmen ihn. Gewissermaßen von innen heraus. Auch später, als er wieder im Bett liegt und die beiden gegangen sind, sieht er sie noch. Und irgendwie fühlt er sich besser, zumindest sind die Kopfschmerzen weg. Wir erkennen: eine Suggestion nach dem Prinzip der Ideodynamik. Die Äußerung Monikas gewann ihr suggestives Potential aus der Tatsache, daß Herr Winkler in der wenig prägnanten Situation des Kranken besonders offen war für Suggestionen.

Es gibt aber auch Äußerungen oder Handlungen oder kommunikative Maßnahmen, die per se ein hohes Maß an suggestivem Potential haben, die also besonders geeignet sind, eine suggestive Absicht zu verschleiern und damit die Chance zu erhöhen, daß wir unser Ziel erreichen.

Solche Äußerungen und Handlungen kann man systematisch erfassen und als Handlungsmuster beschreiben. Wir nennen diese Handlungsmuster **suggestive Strategien.**

Wir können jetzt unser Modell der Suggestibilität erweitern zu einem **Modell der Suggestion:**

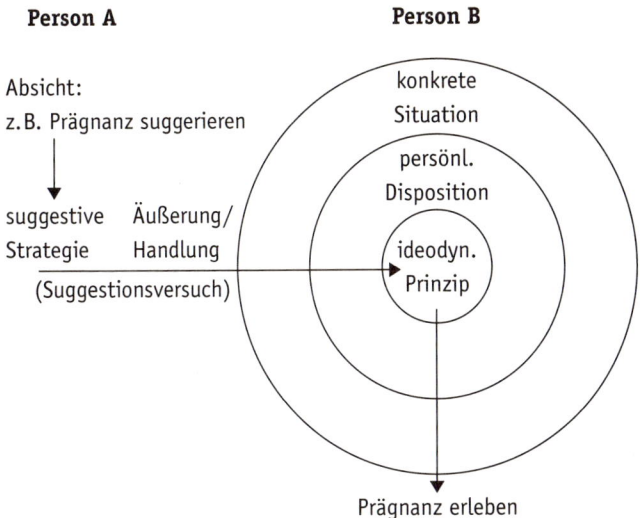

Person A                    Person B

Absicht:                         konkrete
z.B. Prägnanz suggerieren        Situation

                                 persönl.
                                 Disposition
suggestive    Äußerung/
Strategie     Handlung           ideodyn.
                                 Prinzip
(Suggestionsversuch)

                    Prägnanz erleben

Nehmen wir an, eine Person A möchte, daß eine Person B eine Situation als prägnant erlebt, zum Beispiel Karen die Situation ihres ersten Kundengesprächs. Frau Demann (im graphischen Modell Person A) wählt bewußt eine suggestive Strategie, also ein erfolgversprechendes Handlungsmuster für ihre Äußerung (ihren Suggestionsversuch), zum Beispiel die positive Prognose («In einer Stunde strahlen Sie wieder»). Die Chance, daß die Suggestion gelingt, ist groß, denn Karen erlebt die konkrete Situation als diffus und ist ohnehin empfänglich für Suggestionen (ihre persönliche Disposition). Es ist also ziemlich wahrscheinlich, daß es Frau Demann gelingt, bei Karen das ideodynamische Prinzip zu aktivieren. Die Folge kann sein, daß sie die schwierige Gesprächssituation weniger diffus erlebt und ihre Angst wesentlich reduziert wird. Das heißt: Sie erlebt Prägnanz.

Wer suggestiv wirken will, sollte sich also drei Fragen stellen:

1. **1.** Wer ist der andere?
2. **2.** In welcher Situation ist er, und wie mag er diese Situation erleben?
3. **3.** Was sage ich, wie sage ich es? Wende ich bewußt eine suggestive Strategie an? Und wenn ich das tue, welche?

Im nächsten Kapitel wollen wir Ihnen die wichtigsten suggestiven Strategien vorstellen.

# kapitel 2

# Suggestive Strategien

Wie wir gesehen haben, ist das zentrale Prinzip, nach dem Suggestionen funktionieren, das Prinzip der Ideodynamik, also der Dynamik von Ideen und Bildern. Suggestive Strategien dienen dazu, diese Bilder, diese Ideen in den Köpfen unserer Partner, unserer Klienten, Patienten oder Kunden entstehen zu lassen, in der Hoffnung, daß sie dort eine bestimmte (Eigen-)Dynamik entwickeln.

Unsere folgende Sammlung von Strategien erhebt nicht den Anspruch, vollständig zu sein. Und wenn Sie eine Systematik suchen: Wir bewegen uns, bildlich gesprochen, von außen nach innen. Wir beginnen mit Strategien, die geeignet sind, die Kooperationsbereitschaft unseres Partners vorzubereiten, also gewissermaßen den Boden zu bestellen für unseren Versuch, ihn zu beeinflussen. Der zweite große Schritt soll Ihnen die Strategien erschließen, die uns das Erreichen unserer inhaltlichen Ziele erleichtern.

Es ist also durchaus denkbar, daß wir in einer konkreten Situation gewissermaßen kombiniert vorgehen: von außen nach innen. Zunächst «verführen» wir unseren Partner – zum Beispiel mit einem *Pacing* – dazu, daß er uns bereitwillig zuhört. Dann versuchen wir – zum Beispiel mit einer *Prognose* oder einem *Reframing* – bei ihm das zu erreichen, was wir uns vorgenommen haben.

# 1. Strategien zur Steigerung der Kooperationsbereitschaft

Natürlich können Sie Ihrem Sohn oder Ihrer Tochter befehlen: «Räum sofort dein Zimmer auf!» Oder als Chef können Sie Ihrem Lehrling Erik sagen: «Hol mir mal die Akte Wernicke!» Wenn Sie es aber mit einem Menschen zu tun haben, der sich Ihnen gegenüber autonom fühlt – das kann übrigens auch Ihre Tochter sein –, werden Sie mit einer solch direkten Aufforderung wahrscheinlich Widerstand erzeugen, das Bedürfnis provozieren, sich abzugrenzen.

Es gibt aber Strategien, die geeignet sind, den anderen gewissermaßen einzustimmen, seine Kooperationsbereitschaft zu stimulieren. Wir können ihn also in eine Situation bringen, in der er bereit ist, uns zuzuhören, in der er offen ist für das, was wir wollen, oder auch für unsere weiterreichenden Suggestionsversuche.

## 1.1 Bekräftigen und einstimmen (Pacing)

### Zustimmende Äußerungen

Die einfachsten Formen der Bekräftigung kennen wir aus unserem Kommunikationsalltag. Häufig sind es Signale der Körpersprache. Wir nicken, während der andere uns etwas erzählt, wir lächeln ihm zu, oder wir blicken ihn interessiert an. So signalisieren wir unsere Zustimmung oder unsere Bereitschaft, ihm weiter zuzuhören. Oder wir bestätigen ihn durch Zwischenbemerkungen in dem, was er sagt: «Hm», «Ja», «Richtig», «Gut», «Toll», «Da hast du völlig recht», «Genau» usw.

Wenn wir selbst Sprecher sind und in einem Gespräch etwas äußern, was in Richtung dessen liegt, was der andere wünscht, bekräftigen wir ihn, bestärken ihn in dem, was er denkt oder fühlt. Das kann explizit geschehen durch das, was wir sagen, das kann aber auch die Sprechphase des anderen «begleiten».

Diese Bekräftigung heißt in der Psychologie auch **Ja-Haltung.** Wir wissen, wie positiv solche Zustimmungs- und Bestätigungssignale in der Schule auf uns gewirkt haben, wie sie unsere Lust gefördert haben mitzumachen, wie sie uns das Gefühl gaben, etwas wert und akzeptiert zu sein.

Und wie das Ausbleiben solcher Bekräftigungen oder gar die explizite Abwertung («O je, Pawlowski» – «Der kapiert das nie») uns das Gefühl des Versagens vermittelte (wir können jetzt sagen: suggerierte), das Gefühl, in der Klasse ausgegrenzt zu sein.

Die Wirkung der positiven Verstärkung oder Bekräftigung wurde denn auch vor allem in der Lernpsychologie untersucht. Schon 1911 machte Thorndike zahlreiche Versuche mit Tieren und formulierte sein «Gesetz des Effektes», das Tausch in seiner «Erziehungspsychologie» (1971, S. 74) so formuliert: «Von den Verhaltensweisen eines Individuums in einer Situation werden unter sonst gleichen Bedingungen diejenigen Verhaltensweisen stärker fixiert bzw. in Zukunft häufiger realisiert, die von einem befriedigenden, angenehmen Effekt begleitet werden oder denen ein solcher Effekt folgt.» In einfachen Worten: Wenn jemand etwas tut, und das hat angenehme Folgen, wird er es gerne immer wieder tun. Als angenehm erleben wir, wenn der andere das, was wir sagen, positiv aufnimmt und uns damit bestätigt, daß wir recht haben, daß wir auf dem richtigen Weg sind, daß wir Bescheid wissen, daß unsere Wünsche berechtigt und erfüllbar sind. Damit stützt er unser Selbstwertgefühl, aber auch unsere Bereitschaft, uns zu öffnen in diesem Gespräch. Er bedient nämlich in hohem Maße unser **Bedürfnis nach Anerkennung und Zugehörigkeit.**

Damit fördert er eine positive Gesprächsatmosphäre. Wir sprechen in diesem Zusammenhang auch von einem **guten Rapport**. Ein guter Rapport zeigt sich in dem angenehmen Gefühl der Gesprächspartner, daß die Chemie stimmt oder die Wellenlänge, daß dieses ein gutes, stimmiges Gespräch ist.

### Spiegeln

Eine ganz ähnliche Strategie zur positiven Verstärkung und zur Entwicklung von Rapport ist das Spiegeln.

Bettina Hartmanns Bruder Alf Selke betreibt mit seinem Partner eine Werbeagentur. Wenn Alf zu einem Kundengespräch fährt, stellt er sich auf diesen Kunden ein: Der Friesmeyer trägt immer einen Anzug und eine Krawatte. Das ist so üblich bei den leitenden Herren bei FRISA Ledermoden. Alle immer ganz schnieke und sehr dezent. Also zieht auch Alf seinen «kleinen Ausgehanzug» an und zum hellblauen Hemd eine dunkelblaue Krawatte (gewissermaßen Ton in Ton). Dabei liebt er eigentlich mehr starke Farben, die Kontraste. Das ist eher bei Tölle Hoch- und Tiefbau angesagt. Da kann man auch schon mal in Jeans aufkreuzen. Der junge Tölle trägt immer Jeans. Alf versucht also, schon im «Outfit» seinen Verhandlungspartner zu *spiegeln*.

Er gibt dem anderen das Gefühl: Ich nehme eure Gepflogenheiten hier ernst, ich finde sie in Ordnung und richte mich danach. Die Chance, akzeptiert zu werden, ist dann am größten, wenn Alf diesen Menschen «als einer von ihnen» erscheint. Sie merken es: Alf berücksichtigt auch hier wieder das **Bedürfnis seines Partners nach Akzeptanz, nach Anerkennung und nach Zugehörigkeit.**

Auch in seiner Art zu sprechen geht er auf seine jeweiligen Partner ein. Bei FRISA ist mehr eine «gehobene» Wortwahl angebracht, Friesmeyer spricht leise, relativ langsam, sitzt dabei sehr entspannt, zurückgelehnt. Das tut Alf dann auch. Wenn Friesmeyer sich bei einer seiner typisch kritischen Zwischenfragen jäh aufrichtet und nach vorne beugt, geht Alf diese Bewegung mit. Sie kommen beide gut miteinander aus, wahrscheinlich deshalb, weil der alte Friesmeyer sich wohl fühlt in diesen Gesprächen, ohne daß er genau sagen könnte, warum. Wenn wir ihn fragen könnten, würde er vielleicht sagen: «Da stimmt einfach die Chemie.»

Bei Tölle ist ganz was anderes gefragt. Der junge Tölle muß immer erst den neuesten Witz loswerden. Alf ist gut beraten, dann auch einen auf Lager zu haben. Alf weiß, daß Tölle am liebsten im Stehen redet. Also setzt er sich, wenn er das Büro betritt, erst gar nicht hin. Wahrscheinlich ist es Alf gar nicht bewußt, daß er hier eine suggestive Strategie anwendet, das sogenannte Spiegeln.

Es bedeutet, sich dem Gesprächspartner anzupassen im allgemeinen Erscheinungsbild, aber auch auf den verschiedenen Ebenen eines Gesprächs: eine ähnliche Sitzposition einzunehmen, sich in Sprechtempo und Lautstärke anzugleichen, möglichst auch in der Dialektfärbung, seinen Körperbewegungen zeitverzögert zu folgen, Redewendungen des Gegenübers zu übernehmen.

Wenn Alf sich dieser strategischen Möglichkeit bewußt ist, wird er sie auch bei einem ersten Kundenkontakt anzuwenden versuchen. Dann läuft das Ganze zeitverzögert ab. Er muß sich ja erst im Verlauf des Gesprächs in den anderen einfühlen. Denn das ist das Entscheidende: Man muß sich einfühlen, um intuitiv die Perspektive des anderen übernehmen zu können und ihm so das Gefühl zu geben: Ich verstehe dich, und ich akzeptiere dich so, wie du dich gibst. Ich komme als Freund. Dann stärkt er nicht nur das Selbstwertgefühl des anderen, sondern erreicht einen guten Rapport.

## Paraphrasieren

Man könnte diese Strategie als eine Variante des Spiegelns bezeichnen. Wenn ich paraphrasiere, wiederhole ich nämlich mit eigenen Worten das, was der andere sagt, ich «spiegle» also seine Äußerung. Allerdings hat das Paraphrasieren seine eigenen Facetten und Möglichkeiten. Deshalb behandeln wir es auch in einem gesonderten Abschnitt.

Wir haben diese Strategie ausführlich mit all ihren Wirkungsweisen in unserem Buch «Konstruktiv Gespräche führen» vorgestellt. Hier wollen wir uns vornehmlich darauf konzentrieren, darzustellen, inwieweit die Paraphrase der positiven Verstärkung und zur Herstellung von Rapport dienen kann. Die weiterreichenden Möglichkeiten dieser Strategie werden aber angedeutet und lassen sich unschwer erkennen.

In der Psychotherapie paraphrasiert der Therapeut seinen Klienten, um ihm zu bestätigen, daß er ihn verstanden hat, daß er das, was der Patient sagt, so akzeptiert, und ermuntert ihn, auf diese Weise weiterzusprechen.

**Klient:** Sobald ich die Schule nur betrete, bekomme ich Beklemmungen, alles wird eng hier, ich kann kaum atmen.

**Therapeut:** Wenn Sie morgens in die Schule kommen, reagiert also Ihr Körper mit starken Verspannungen.

**Klient:** Ja, und dann geht es schon los. Schon im Lehrerzimmer muß ich mich anstrengen, um überhaupt einen Ton rauszubringen.

**Therapeut:** Da bleibt ihre Stimme weg.

**Klient:** Meine Stimme bleibt gewissermaßen im Hals stecken, und dann weiß ich schon, daß ich's nicht packe.

**Therapeut:** Sie bekommen Angst.

Der Psychologe Carl Rogers hat diese «klientenzentrierte» Gesprächsführung entwickelt. Tausch (1968, S. 68) spricht in diesem Zusammenhang von der «Verbalisierung emotionaler Erlebnisinhalte des Klienten» und beschreibt sie so: «Der Psychotherapeut sucht an Hand des sprachlichen Ausdrucks des Klienten dessen Erlebniswelt, insbesondere die Gefühlsebene, so zu sehen, wie der Klient sie empfindet bzw. wie er sich selbst und seine Umwelt sieht.» Hier kann man wirklich noch von «Spiegeln» sprechen, also einer eher «reaktiven» Vorgehensweise.

Als «aktive» suggestive Strategie wird dieses Muster häufig im Alltag verwendet, vor allem im beruflichen Alltag. Begleiten wir Alf Selke noch einmal bei seiner täglichen Arbeit. Zunächst im Gespräch mit Herrn Friesmeyer:

**Friesmeyer:** Ich glaube, wir sollten uns mit großflächigen Anzeigen in den gehobenen Modeblättern vorstellen.

**Alf:** Wenn ich Sie richtig verstanden habe, wollen Sie sich zunächst nur auf Modezeitschriften beschränken.

**Friesmeyer:** Ich denke mir, das ist unsere Kundschaft. In den allgemeinen Illustrierten oder gar Tageszeitungen geht das doch völlig unter.

**Alf:** Sie meinen: Zwischen den großen Anzeigen – zum Beispiel aus der Autoindustrie – finden unsere Anzeigen keine Beachtung.

**Friesmeyer:** Ich denke, so ist das.

**Alf:** Das hängt von unseren Anzeigen ab, Herr Friesmeyer.

Die Vorteile des Paraphrasierens:

– Mögliche Mißverständnisse werden ausgeschlossen,
– man zeigt dem anderen, daß man ihm zuhört,
– man zeigt dem anderen, daß man ihn ernst nimmt.

Für uns sind die beiden letzten Punkte von besonderer Bedeutung. Wenn jemand vermittelt bekommt: Ich höre dir zu, und ich nehme dich ernst, bestärke ich ihn, vermittle ich ihm meine

Wertschätzung, befriedige sein Bedürfnis nach **Zugehörigkeit,** fördere also den Rapport.

In einer Paraphrase kann man die Äußerung des Partners leicht umdeuten, wie Alf es hier tut: Das Wort «beschränken» hat durchaus suggestives Potential, es weckt in Herrn Friesmeyer unter Umständen die Vorstellung von Enge und bringt ihn dazu, sich selbst zu widersprechen, zumal er ja wohl schon die Vorstellung von Größerem hat («großflächige Anzeigen in gehobenen Modeblättern»). Alfs Formulierung «zunächst nur» impliziert, daß noch etwas anderes folgen wird, wobei das «nur» den viel zu engen Rahmen («nur Modezeitschriften») suggeriert. Aber damit läßt es Alf nicht bewenden. Er wird nach dieser Phase des Paraphrasierens seine eigene Gegenargumentation ins Gespräch einbringen, auf der sicheren Basis eines guten Rapports.

Wir sehen: In die Paraphrase kann man indirekte Suggestionsversuche einstreuen.

Begleiten wir Alf weiter. Hier ein Ausschnitt aus seinem Gespräch mit Frau Derbringer von der Firma DERBO:

**Derbringer:** Diese Prospektmappen sind sehr schön geworden.

**Alf:** Das hör ich natürlich gern, Frau Derbringer.

**Derbringer:** Aber nun müssen wir die Dinger ja irgendwie wirkungsvoll präsentieren.

**Alf:** Sie wollen sie also nicht nur so auf den Tresen legen.

**Derbringer:** Nein, die Kunden sollen sie schon sehen, wenn sie reinkommen, und dann danach greifen.

**Alf:** Sie denken da an so einen – wie wir das nennen – Präsenter, einen Präsentationsständer für Infomaterial.

**Derbringer:** So was in der Art. Etwas, was wir in unseren Filialen aufstellen können.

**Alf:** Und was dort schon von sich aus einen Blickfang darstellt.

**Derbringer:** So ist es. Aber wir haben ja noch andere Sachen: die kleinen Faltblätter, unsere Firmenzeitschrift, dann das Plakat.

**Alf:** Es soll also variabel sein, für unterschiedliche Zwecke umzurüsten.

**Derbringer:** Wenn's geht, ja. Ham Sie so was?

Alf paraphrasiert die Äußerungen seiner Kundin, bestärkt sie in ihren Gedanken und Wünschen. Aber er gibt das, was die Kundin sagt, nicht nur mit eigenen Worten wieder, er geht immer schon einen winzigen Schritt weiter, führt die Kundin so in die Richtung ihrer Wünsche, sogar ein Stück darüber hinaus, fördert also neue Ideen.

Dennoch hat die Kundin das Gefühl, daß sie das Gespräch in der Hand hat, daß das ihre Ideen sind, daß diese Ideen gut sind. Sie sieht sich bekräftigt und hat das Gefühl, ein gutes Gespräch zu führen.

Übrigens: Paraphrasen sind auch ein beliebtes Mittel der Selbstsuggestion. Blättern Sie vor auf S. 181

### Empathie

Positive Verstärkung und Rapport erreiche ich vor allem durch Empathie. Zustimmende Äußerungen, Paraphrasen, Spiegeln sind – wie wir gesehen haben – ein bewußtes *Verhalten*. Empathie ist eine innere *Haltung*. Empathie ist der Versuch, sich intuitiv in den Partner einzufühlen, in seine Empfindungen und Gedanken.

Dabei müssen wir die eigenen Einstellungen und Ziele nicht aus den Augen verlieren. Wir pendeln gewissermaßen zwischen der Identifikation mit dem Partner und der Identifikation mit uns selbst.

Vera und Jochen Falter sind ein sehr ungleiches Paar. Vera ist in der Welt herumgekommen, hat in Krankenhäusern in Spanien, Brasilien gearbeitet. Sie hat sich so gewünscht, in der Ehe mit Jochen, dem Bodenständigen, zur Ruhe zu kommen. Aber immer wieder haben sie Verständigungsprobleme, oft über die einfachsten Sachen. Und dann gibt es Gesprächsphasen wie diese:

**Vera:** Versuch doch mal, dich in mich hineinzuversetzen.

**Jochen:** Das kann ich nicht. Ich hab nicht dein Leben gelebt.

**Vera:** Aber versuch es doch wenigstens. Hab ein bißchen Phantasie ...

**Jochen:** Ich bin nun mal kein phantasiebegabter Mensch.

**Vera:** Manchmal hab ich das Gefühl, du willst mich gar nicht verstehen.

Will er nicht oder kann er nicht? Es gibt Menschen, die sind überhaupt nicht bereit, Empathie aufzubringen, vielleicht deshalb, weil sie Angst haben, dadurch ihre eigene Position zu schwächen. Oder sie tun es nur, wenn diese Position nicht in Gefahr ist. Sie mindern damit ihre Chancen, Rapport herzustellen. Ein guter Rapport aber ist *eine* Voraussetzung dafür, daß man seine Gesprächsziele erreicht.

Natürlich gibt es Menschen, denen es schwerfällt, Empathie zu erleben. Wir sind der Meinung, daß man das lernen kann. Stellen Sie sich vor oder während eines Gesprächs – sozusagen auf einer zweiten Bewußtseinsebene – folgende Fragen:

– Wie mag sich der Partner jetzt fühlen?

– Warum fühlt er sich so?

– Kann ich das nachempfinden?

Natürlich müssen Sie dabei Ihre Phantasie bemühen: Wie würde es mir gehen, wenn ...? Vielleicht ist dies ein brauchbares Bild: Versuchen Sie den anderen in sich wiederzufinden oder umgekehrt: sich in dem anderen wiederzufinden.

Klar, Sie haben nicht sein Leben gelebt. Aber vielleicht hat er Ihnen von seinem Leben erzählt. Oder vielleicht gibt es in Ihrem Leben vergleichbare Stationen.

Sagen Sie nie, Sie hätten keine Phantasie. Wieviel Phantasie bringen Sie auf, um sich Ihre eigene Zukunft auszumalen, Orte, die Sie aufsuchen, Erlebnisse, die Sie haben werden?

Sich um Empathie zu bemühen lohnt sich. Sie halten sich selbst offen für die Meinungen und Ideen des Partners. Und wenn der Partner ihre Empathie spürt, werden Sie für ihn glaubwürdiger und vertrauenswürdiger. Was Sie sagen, bekommt mehr Gewicht.

Eines aber ist wichtig: Empathie kann man nicht spielen. Wenn Sie Laienschauspielern zusehen, merken Sie, daß die ihre Rollen *spielen* und nicht *leben*. Sie merken es zum Beispiel daran, daß das, was sie sagen, mit ihrer Körpersprache nicht übereinstimmt. Gute Schauspieler *spielen* nicht den Hamlet oder den Don Carlos, sie *sind* Hamlet oder Don Carlos. Die Theatertränen Gretchens sind echte Tränen. Gute Schauspieler «gehen in ihre Rolle», indem sie analoge Erfahrungen aktivieren, natürlich mit viel Phantasie und nach langer Übung.

Am Ende dieses Abschnitts können wir zusammenfassen:

Bekräftigen, Spiegeln, Paraphrasieren und Emphathie dienen in erster Linie dem Rapport. Ihre Wirkung beruht also auf dem Bedürfnis nach Anerkennung und Zugehörigkeit.

**Wenn man uns in eine Situation bringt, in der wir Rapport erleben, also uns wohl fühlen, sind wir offen für das, was der andere von uns will.**

## 1.2 Provokation

Dem Bedürfnis nach Anerkennung und Zugehörigkeit steht das Bedürfnis nach Abgrenzung, nach Autonomie gegenüber. Und genau dieses Bedürfnis nutzt die Strategie der Provokation. Wir hatten sie im ersten Kapitel schon kurz dargestellt. Sie erinnern sich: Hans Riebensahm rät seinem Patienten: «Solange Sie noch so eingespannt sind, sollten Sie in keinem Fall etwas an der Sache ändern.»

Sein Ziel ist es, den Patienten zu provozieren, in ihm Widerstand – Psychologen sprechen von **Reaktanz** – zu erzeugen und ihn so dazu zu bringen, sein Verhalten zu ändern.

Unabsichtlich schafft das die Anlageberaterin Frau Demann im Kundengespräch mit ihrem partnerschaftlich gemeinten Hinweis: «Sie sollten jetzt noch nicht unterschreiben, sondern die Sache noch einmal überschlafen.»

Es kann sein, daß der Kunde unterschreibt, weil er Frau Demanns Rat als Eingriff in seine Autonomie erlebt und Reaktanz entwickelt.

In seiner Theorie der «sozialen Reaktanz» sagt der Sozialpsychologe Jack Brehm (1966) sinngemäß: «Reaktanz ist ein Zustand, in den ein Mensch gerät, wenn sein Entscheidungsspielraum in irgendeiner Weise eingeengt oder mit Einengung bedroht wird. Erlebt ein Mensch eine Bedrohung oder eine tatsächliche Einschränkung bisheriger Freiheitsräume, so wird er mehr oder weniger Energie verwenden, seine Freiheit wieder herzustellen bzw. die Bedrohung seiner Freiheit aufzuheben» (Riebensahm 1985, S. 45 f.). Die Stärke der Reaktanz, also des Widerstands, ist abhängig vom Druck, den der andere ausübt. Befehle, Verbote sind besonders geeignet, unseren Widerstand herauszufordern.

Das kennen wir aus unseren Kindertagen. Wie oft haben wir das Gegenteil dessen getan, was uns unsere Eltern befohlen hatten – oder genau das, was verboten war.

Robert B. Cialdini (1997) erklärt vor diesem Hintergrund den sogenannten «Romeo-und-Julia-Effekt» und fragt: «Reagieren Paare, denen von ihren Eltern Steine in den Weg gelegt werden, womöglich damit, daß sie sich stärker zu der Partnerschaft bekennen und sich noch mehr ineinander verlieben?» (S. 291 f.). Wenn man also will, daß zwei sich kriegen, sollte man ihnen dringend davon abraten.

Im Ernst: Gerade in Verkaufsgesprächen fordert man gerne durch eine Provokation unseren Widerstand heraus und hofft, daß wir entsprechend handeln:

Ist dieses Auto nicht zu groß für Sie?

Paßt das auch in Ihren Finanzrahmen?

Wollen Sie nicht doch lieber noch eine Nacht drüber schlafen?

Auch wenn diese Fragen natürlich in freundlichem Ton vorgetragen werden: Sie sind Frechheiten. Aber wie oft fallen wir darauf herein und erleben sie als Herausforderung, das Gegenteil zu behaupten oder zu tun.

Wer bei Büchern oder Filmen dafür sorgt, daß sie nur «Erwachsenen ab 21 Jahren» zugänglich sind, könnte kräftig Kasse machen, vor allem bei Personen, die noch nicht das vorgeschriebene Alter haben.

Hier kommt eine andere Facette dieser Strategie in den Blick: das «Knappheitsprinzip». Auch dieser Begriff stammt von Cialdini (1997, S. 292): «Wenn etwas knapp wird, bedeutet dies die Einschränkung unserer Freiheit, es zu bekommen, und unser Verlangen danach wächst. In aller Regel sind uns die Reaktionseffekte nicht bewußt – wir wissen nur, *daß* wir etwas unbedingt haben wollen, nicht aber, *warum.*»

Auf diesen Effekt spekuliert der Teil in einem Paar, der sich für den Partner oder die Partnerin eine Zeitlang «rar macht».

Auf diese Wirkung setzen auch Verkäufer, wenn sie uns zum Kaufen verführen wollen, zum Beispiel mit Aussprüchen wie diesen:

Übrigens, das ist der letzte Trenchcoat dieser Art, den wir noch haben.

Wir haben dieses Service nur noch einmal vorrätig.

Dieses ist der letzte Pullover dieser Art, und der Herr, den Sie gerade noch auf der Treppe gesehen haben, wollte noch einmal um den Block gehen, um sich zu überlegen, ob er ihn kauft.

Die letzte Äußerung ist deshalb besonders wirkungsträchtig, weil sie ein Element enthält, das die Knappheit noch verstärkt: die **Konkurrenz.** Meine Wahl- und Entscheidungsmöglichkeiten werden noch weiter dadurch eingeschränkt, daß jemand anderer scharf ist auf das, was ohnehin schon knapp ist. Schlußverkäufe, die Schlachten am Grabbeltisch funktionieren nach diesem Prinzip.

Ich brauche also nur jemandem die Vorstellung zu suggerieren, etwas sei knapp und viele seien daran interessiert, dann setzt gewissermaßen sein Verstand aus. Er weiß gar nicht genau, warum er es haben muß, er weiß nur: Er muß es haben.

Cialdini beschreibt das als einen «körperlichen Erregungszustand», der – wie gesagt – nicht mehr rational beherrscht werden kann (1997, S. 308 f.). Dafür gibt er ein besonders einprägsames Beispiel: Er erzählt, auf welche Weise sein Bruder Richard sein Studium finanzierte. Richard kaufte Gebrauchtwagen, die – wie er meinte – unter Preis angeboten wurden. Diese Wagen annoncierte er in den lokalen Zeitungen zu einem entsprechend höheren, immer noch angemessenen Preis. Alle Interessenten, die ihn anriefen, bestellte er zum gleichen Termin, sagen wir, Samstag, 14 Uhr. Wir wollen nun den weiteren Ablauf des Geschehens wörtlich zitieren, weil Cialdini ihn so wunderschön prägnant erzählt:

Meistens lief es dann so, daß der erste Interessent eintraf, das Auto sorgfältig inspizierte und das typische «Autokäuferverhalten» an den Tag legte, etwa auf Macken und Mängel hinwies und fragte, ob über den Preis verhandelt werden könne. Psychologisch änderte sich die Situation schlagartig, sobald ein zweiter Käufer vorfuhr. Durch das Auftauchen des anderen Interessenten war der Wagen auf einmal für beide weniger verfügbar. Oft heizte der zuerst Gekommene die aufgekommene Rivalität ungewollt noch dadurch an, daß er auf sein Recht pochte, es sich als erster überlegen zu dürfen, ob er den Wagen kaufen wollte oder nicht. «Einen Moment, bitte, ich war zuerst hier.» Wenn er selbst nicht auf seinem Recht beharrte, übernahm Richard das für ihn. Sich dem zweiten Käufer zuwendend, sagte er dann: «Entschuldigen Sie, aber dieser Herr war vor Ihnen da. Dürfte ich Sie also bitten, ein paar Minuten dort drüben zu warten, bis er sich das Auto angesehen hat? Wenn er es nicht haben will oder sich nicht entscheiden kann, zeige ich Ihnen den Wagen.» Richard meint, man habe dem ersten Interessenten daraufhin seine aufsteigende Erregung vom Gesicht ablesen können. Seine lockere Beurteilung der Vor- und Nachteile des Autos machte plötzlich einem Jetzt-oder-nie-Gefühl Platz, einem Druck, schnell zu einer Entscheidung zu kommen und einen möglichen Mitbewerber auszustechen. Wenn er sich nicht innerhalb der nächsten Minuten für den Wagen entschied – und die von Richard verlangte Summe auf den Tisch legte –, würde er ihn womöglich für alle Zeiten an diesen ... diesen ... Neuankömmling verlieren, der da drüben auf der Lauer lag. Den zweiten Interessenten versetzte diese Kombination aus Rivalität und Knappheit in einen nicht minder angespannten Zustand. Meist lief er am Rande des Geschehens auf und ab, stark darauf erpicht, an diesen plötzlich äußerst begehrenswerten Metallhaufen heranzukommen. Sollte Kunde eins den Wagen nicht kaufen oder sich keine Entscheidung abringen können, stand Kunde zwei schon in den Startlöchern, um statt seiner zuzuschlagen. Wenn dies allein nicht ausreichte, eine sofortige Kaufentscheidung herbeizuführen, schnappte die Falle mit Sicherheit zu, sobald der dritte Interessent auf der Bildfläche erschien. Nach Richards Angaben wurde diese verschärfte Konkurrenz dem ersten Kunden rasch zuviel. Er entzog sich dem Druck, indem er entweder Richards Angebot akzeptierte oder sich schnell aus dem Staub machte. Im letzteren Fall ergriff dann in der Regel der als zweiter eingetroffene Interessent seine Chance und kaufte den Wagen aus einem Gefühl der Erleichterung heraus, gekoppelt mit einer aufkommenden Rivalität gegenüber diesem ... diesem ... Neuankömmling, der da drüben auf der Lauer lag (1997, S. 311 f.).

Cialdini bemerkt dazu, daß das gesteigerte Interesse an dem Auto nichts mit der Qualität des Autos zu tun hatte. Offensichtlich waren jedoch die potentiellen Käufer nicht mehr in der Lage, das rational zu erkennen. Richard hatte eine Situation arrangiert, die die Betroffenen zu einer rein emotionalen Reaktion verleitete: Der eigentliche Zweck ihres Kaufes, nämlich ein gutes Transportmittel zu erwerben, verschwand aus ihrem Blick. Sie wollten das Auto einfach nur haben, haben, haben...

Ein ähnlicher Druck entsteht, wenn man uns eine Wahlfreiheit nimmt oder einschränkt, die wir schon einmal hatten.

Clevere Geschäftsleute lassen eine Ware, die vorher noch unbegrenzt verfügbar war, vorübergehend knapp werden.

«Diese gefütterten Jacken», sagt der Kunde, «Sie hatten sie doch in rauhen Mengen. Noch letzte Woche.»

«Tja,» antwortet die Verkäuferin, «die gingen schnell weg. Wir könnten aber eine nachbestellen, morgen kann sie da sein, wenn Sie das wünschen.»

«Aber unbedingt», sagt der Kunde erfreut, der sich die Jacke eigentlich nur einmal ansehen wollte.

Fassen wir zusammen: **Wenn man uns in eine Situation bringt, in der wir unsere Autonomie bedroht fühlen, entwickeln wir Widerstand und handeln oft rein emotional.**


## 1.3 Konfusion herstellen

Diese Strategie gewinnt ihre Wirkung aus dem Bedürfnis nach Prägnanz und damit nach Sicherheit. Das strategische Prinzip ist simpel: Der Sprecher führt seinen Partner in eine Situation, die dieser als diffus erleben muß. So stellt er Verunsicherung her und weckt das dringende Bedürfnis nach **Prägnanz**. Und dann bietet er freundlicherweise auch gleich an, dieses Bedürfnis zu befriedigen, oder verspricht es zumindest, natürlich mit seinem Produkt.

In der Werbung begegnen wir der Konfusionstechnik fast jeden Tag, spätestens seit es die Fernsehwerbung gibt.

Eine junge, fürsorgliche Mutter pudert und wickelt ihr Kind. Da taucht hinter ihr der eigene Schatten auf und fragt besorgt: «Hast du auch ein gutes Gewissen?» (... wenn du irgendeinen beliebigen Kinderpuder verwendest). Gerade junge Mütter sind sich nie ganz sicher, ob sie ihr Baby richtig versorgen. Aber – das suggeriert ihnen die Werbung – sie können sich ganz sicher fühlen, wenn sie einen bestimmten Puder zur Babypflege verwenden.

Da rast ein Auto durch die Nacht, der Regen verwandelt die Straße in ein dunkles Gewässer. Die Wischerblätter schaffen es kaum, das Wasser von der Scheibe zu drängen: eine höchst unprägnante, bedrohliche Situation. Und plötzlich ein Hindernis auf der Fahrbahn ... aber der Wagen kommt nach wenigen Metern zum Stehen. Auf XY-Reifen ist eben Verlaß.

Eine Situation, die jeder diffus erlebt, wird prägnant dadurch, daß man einen zuverlässigen Reifen kauft.

Als diffus erleben wir auch Situationen, die wir nicht einordnen können, in denen sich unwillkürlich die Frage aufdrängt: «Was soll denn das?» Auch das ist ein gängiges Muster für die Werbung.

Ein Mann steht an einem Bartisch. Er hat ein leeres Glas vor sich und offensichtlich schon einigen Alkohol in sich. Man sieht einen Kellner vorbeihuschen. «Noch einmal dasselbe», ruft der Mann. Aber der Kellner reagiert nicht. Der Mann blickt ihm böse hinterher, und man sieht an seiner Mimik, daß er darauf wartet, daß der Kellner wieder erscheint. Der kommt auch, huscht aber wieder vorbei. «Noch einmal das…», ruft der Mann. Umsonst. Das geht drei-, viermal so: Der Mann wartet, der Kellner huscht vorbei, der Mann ruft ihm hinterher, wird dabei immer mutloser. Endlich eine Stimme aus dem Off: «Schon mal versucht, schneller zu ordern?» Gleichzeitig wird das Logo eines bekannten Online-Anbieters eingeblendet.

Da ist zunächst – wie es in der Gestaltpsychologie heißt – keine «Gestalt» zu erkennen. Wir können die Szene nicht recht einordnen. Diese Diffusion regt unsere Phantasie an oder hält uns in Spannung, bis die Auflösung des Rätsels kommt. Und wenn von außen keine Gestalt angeboten wird, schaffen wir sie uns selbst.

Die Fülle von Sternen am Himmel bildet ein ungeordnetes, diffuses Durcheinander, aber wir geben ihm durch die Sternbilder Prägnanz. Und wir neigen dazu, in diffusen Wolkenhaufen Gestalten zu erkennnen, Tiere, Köpfe, Landschaften. Dieses Bedürfnis nach einer guten Gestalt, nach Prägnanz, nutzt die Konfusionstechnik.

Mit einer anderen Variante dieser Strategie hat Karen Hartmann das sonntägliche Essen bei ihrem Freund Torsten gerettet. Die Stadtwerke hatten Torsten das Gas abgeklemmt. Er hatte dann zwar bezahlt, aber nun ging es darum, zum Wochenende die Gaszufuhr wieder in Gang zu setzen. Karen wollte das in die Hand nehmen. Zunächst versuchte sie es mit einem Telefongespräch. Aber der zuständige Mann bei den Stadtwerken, ein Herr Schmieder, ließ sie abblitzen, ziemlich unfreundlich übrigens. Es sei Freitag, und da sei der Zug eben abgefahren. Pech für Torsten. Karen beschloß, bei Herrn Schmieder persönlich vorzusprechen. Sie war sehr höflich, zeigte viel Verständnis für die Schwierigkeit, jetzt noch am Freitag ... Und sie würde Herrn Schmieder ja auch nicht belästigen, wenn es für sie und ihren Partner Torsten nicht sehr, sehr wichtig wäre. Auf diese Weise suggerierte sie Zugehörigkeit und Anerkennung. Dann trug sie ganz ruhig ihre Argumente vor. Die konnten Herrn Schmieder zwar nicht umstimmen, aber es klang nicht unfreundlich, als er sagte: «Wissen Sie, das ist am Freitag nicht mehr möglich, eigentlich.» «Eigentlich ...», sagte Karen. Und dann schwieg sie und schaute Herrn Schmieder nur einfach sehr freundlich und abwartend an ... und hielt dieses Schweigen durch, eine Minute, vielleicht sogar zwei. Und auch ihr freundliches Lächeln. Herr Schmieder wurde sichtbar unruhig. Wie sollte er sich verhalten? Er erlebte diese Situation offensichtlich als ziemlich diffus. Denn als Karen dann endlich ganz freundlich fragte: «Und wenn ich Sie ganz herzlich bitte ...?», lächelte auch Herr Schmieder – irgendwie befreit hat er gelächelt – und sagte: «Also gut, ich versuch es.» Mit ihrer Frage hatte ihm Karen wieder Boden unter die Füße gegeben. Die Situation war für ihn wieder prägnant.

Und noch ein Beispiel, das Erlebnis der Polizistin Sonja S.:

Sonja wurde zu einer Frau gerufen, die auf dem Dach eines Parkhauses stand, ganz dicht an der Kante, im neunten Stockwerk. Sonja stieg zu ihr aufs Dach. Als die Frau sie auf sich zukommen sah, wurde sie sichtlich panisch und drohte, sich in die Tiefe zu stürzen. Sonja wollte sie nicht noch mehr verunsichern und blieb zirka vier bis fünf Meter von ihr entfernt stehen. Im allgemeinen versucht man es in solchen Situationen durch gutes Zureden, es sei doch alles nicht so schlimm, daß man dafür sterben müßte und so weiter. Sonja tat das nicht. Sonja fragte statt dessen: «Was ist los mit Ihnen?» Die Frau: «Es ist aus, ich will nicht mehr!» Sonja: «Ja, was ist denn aus?» Die Antwort der Frau war kaum zu verstehen, denn es war windig auf dem Dach, und die Lüftung rauschte. Aber Sonja hörte schließlich heraus: Der langjährige Freund der Frau hatte sie wegen einer anderen verlassen. Mit Zustimmung der Frau wurde dieser Freund geholt. Aber Sonjas Kollegen wiesen ihn an, in größerem Abstand stehenzubleiben. Ein Trick. Denn ein wirkliches Gespräch über diese Entfernung war bei dem Lärm der Ventilation nicht möglich. Die beiden riefen sich etwas zu, ohne daß es beim anderen ankam. Die Polizisten hofften, die Frau auf diese Weise von der Kante wegzulocken. Es mußte für sie doch existentiell wichtig sein, ihren Freund zu verstehen. Die Beamten stellten also bewußt Konfusion her, in der Hoffnung, daß sich die Frau unter dem übermächtigen Bedürfnis nach Prägnanz von der Kante lösen würde. Aber der Versuch schlug fehl. Die Frau blieb stehen und geriet zusehends in größere Panik. Sonja hatte sich ihr inzwischen auf zirka zwei Meter genähert. Die Frau zitterte. Sie begann wieder, über die Kante des Daches nach unten zu sehen. Ihr Blick pendelte gewissermaßen zwischen Sonja und dem Abgrund. Jeden Moment konnte sie springen. Sonja spürte, wie sie selbst in Panik geriet, aber gleichzeitig wurde sie wütend. Sollte diese ganze Riesenaktion vergeblich gewesen sein? Aus dieser Wut heraus streckte sie der Frau spontan den Arm hin und bellte sie an: «Geben Sie mir jetzt Ihre Hand!» Die Frau gab sie ihr fast automatisch. Sonja packte den Arm der Frau und riß sie vom Rand weg.

Der Moment nach dem gescheiterten Gespräch zwischen der Frau und ihrem Partner war eine Phase äußerster Konfusion. Für die Frau, aber auch für Sonja. Sonjas völlig spontane Aktion («Geben Sie mir jetzt Ihre Hand») entsprang dem übermächtigen Bedürfnis nach Prägnanz. Das gilt auch für die reflexartige Reaktion der Frau.

Milton Erickson, einer der Väter der Hypnotherapie, hat die Konfusionstechnik als therapeutische Methode entwickelt. Grundlagen für diese Methode waren Begebenheiten in seinem täglichen Leben. Eine lassen wir uns hier von dem Psychologen W. H. O'Hanlon erzählen (1990, S. 116): «Sie betraf einen Kollegen Ericksons im Labor, der vor seinen Klassenkameraden damit angab, er würde es so einrichten, daß Erickson den schwierigen und langweiligen Teil des bevorstehenden Experiments ausführen müßte. Erickson bekam aber Wind von diesem Plan und sagte vor dem Experiment mit großer Eindringlichkeit zu seinem Partner: ‹Dieser Spatz flog wirklich nach rechts, dann plötzlich nach links und dann hoch, und ich weiß wirklich nicht, was danach geschehen ist.› Während ihn sein Partner völlig verblüfft anstarrte, sammelte Erickson die Geräte für den leichten Teil des Experiments zusammen und begann zu arbeiten. Ohne nachzudenken, nahm sein Partner das restliche Gerät und machte sich an die Arbeit, um erst später zu entdecken, daß er den schwierigen Teil übernommen hatte.»

Erickson erkannte: Die Konfusion, die seine sinnlose Äußerung auslöste, führte zu einem tranceähnlichen Zustand bei seinem Partner, zu einer geradezu automatischen Handlung zur Herstellung von Prägnanz.

Ein weiteres Beispiel aus der Praxis des Therapeuten:

Eine Patientin, nennen wir sie Frau M., hatte massive Probleme mit ihrer Mutter. Sie malte dem Therapeuten das Bild einer bösartigen und psychisch kranken Hexe, die das Leben ihrer Tochter ruiniert und dabei ist, sie in den Selbstmord zu treiben. Frau W. sprach das in einem nicht abreißenden Redefluß. Es gelang dem Therapeuten nicht, diesen Redefluß und damit auch den autosuggestiven Prozeß zu stoppen. Frau W. steigerte sich immer mehr in die Opferrolle, brachte immer neue Beispiele oder wiederholte sie. Das zog sich über Stunden hin. Wenn der Therapeut glaubte, ihr – sagen wir – ein passendes Reframing angeboten zu haben, stellte sich schnell heraus, daß sie sich aus ihrer bisherigen Sichtweise nicht lösen konnte. Ihre Gedanken drehten sich gewissermaßen im Kreis. Eine endlose Schleife.

Nachdem etliche Versuche fehlgeschlagen waren, kam der Therapeut zu dem Ergebnis, daß er etwas Ungewöhnliches tun mußte, etwas Unerwartetes, um Frau M. zu verwirren und ihr fatales Muster zu durchbrechen. Als sie zu Beginn der folgenden Sitzung sofort wieder mit ihren bekannten Klagen und Anekdoten begann, stand er wortlos auf, öffnete ein Fenster und spähte hinaus, als ob er draußen etwas Bestimmtes suchte. Währenddessen hatte Frau M. aufgehört zu sprechen und beobachtete ihn erstaunt. Der Therapeut schloß nach einer Weile das Fenster wieder, schüttelte den Kopf und murmelte vor sich hin: «Er kommt nicht – er kommt einfach nicht.» Damit wendete er sich wieder – noch stehend – Frau M. zu. Die sah ihn mit ungläubig fragenden Augen an. «Der Zauberer!» sagte er, als ob er auf eine Frage von ihr antworten müßte, und dann: «Und jetzt schließen Sie die Augen, machen Sie es sich bequem, und werden Sie ganz ruhig. Die Gedanken – die Gefühle kommen und gehen, wie sie (Sie) wollen, und mit jedem Ausatmen können Sie sich ein kleines Stückchen tiefer und tiefer sinken lassen.» Wie von selbst schlossen sich Frau M.s Augen. Sie seufzte tief, und unter den geschlossenen Lidern rollten Tränen hervor. – Frau M. war in eine erholsame Trance gefallen: ein erster Schritt aus dem Teufelskreis.

Zusammengefaßt: **Wenn man uns in eine Situation bringt, die wir diffus erleben, sind wir offen für alles, was uns prägnant erscheint oder Prägnanz verspricht.**

# 2. Strategien zum Erreichen inhaltlicher Ziele

Bei diesen Strategien geht es nicht mehr so sehr darum, mit einer Suggestion den Boden zu bereiten, auf daß die Saat der eigenen Handlungsziele leichter aufgehen möge. Hier geht es – bleiben wir im Bild – um das Saatgut selbst: um unsere inhaltlichen Ziele, also die Gedanken und Wünsche, die wir an den Mann oder die Frau bringen wollen, um die Sprache, in die wir diese Gedanken verpacken, den sprecherischen Ausdruck und die Körpersprache, mit der wir sie übermitteln.

## 2.1 Gedanken säen

Sie kennen alle diese suggestive Strategie, und Sie haben das sicher schon häufiger gemacht: jemandem einen «Floh ins Ohr gesetzt». Aber die Metapher «Gedanken säen» trifft – wie wir meinen – doch etwas genauer das, was da passiert. Wir streuen hier und da bestimmte Gedanken aus, möglichst dann, wenn wir meinen, dies sei ein geeigneter, sprich: fruchtbarer Augenblick. Und dann warten wir ab. Irgendwann geht die Saat auf.

Ein Gedanke, der während des Kosovo-Krieges reichlich gesät wurde, war «der Einsatz von Bodentruppen». In Berichterstattungen und offiziellen Verlautbarungen wurde dieser Gedanke immer wieder ausgestreut. Zwar haben die Verantwortlichen diese Möglichkeit regelmäßig lauthals verworfen, so etwas sei politisch niemals durchsetzbar. Also «kein Einsatz von Bodentruppen». Aber wie wir wissen, reagiert unser Unbewußtes nicht auf Negationen. «Bodentruppen», der Gedanke breitete sich aus in unseren Köpfen, wir hatten uns fast an ihn gewöhnt. Und wenn dann die Entscheidung gefallen wäre und Bodentruppen im Kosovo vom Himmel geschwebt oder über die albanische Grenze einmarschiert wären, hätte uns das nicht überrascht. «Bodentruppen», warum auch nicht?

In unserer Alltagskommunikation verwenden wir die Strategie des «Gedanken-Säens» häufiger, als uns das bewußt ist.

Nils Hartmann möchte seine Frau Bettina langsam darauf einstimmen, daß er im Sommer lieber an südlichen Stränden faulenzen würde, als auf die von Bettina bevorzugte Wandertour durch den Thüringer Wald zu gehen. Schon im Januar streut er die entsprechenden Gedanken, zum Beispiel:

Also dieses Wetter macht mich noch krank. Auswandern müßte man, dahin, wo's warm ist.

In regelmäßigen, gut dosierten Abständen äußert er ähnliche Klagen und Wunschbilder, bringt auch schon mal einen Reiseprospekt über Spanien mit:

Schau dir das an, da möcht ich jetzt sein.

Das wirkt besonders dann, wenn im Juni der Wind pfeift und der Regen gegen die Scheiben trommelt. Er reichert seine Strategie noch damit an, daß er über den täglichen Streß jammert:

Mein Gott, ich glaube, ich muß im Urlaub mal so richtig abschalten.

Oder er macht weitreichende finstere Wetterprognosen:

Der Sommer soll ja nicht so toll werden in unseren Breiten.

Und er hofft inständig, daß die Saat aufgehen möge bei seiner Bettina. Am besten wäre natürlich, sie würde eines Tages von sich aus sagen:

Vielleicht könnten wir ja auch nach Spanien fahren.

Aber es würde auch reichen, wenn sie irgendwann die Vermutung äußerte:

Ich glaub, du hast keine Lust auf Thüringer Wald, oder?

Das wäre sozusagen die Voraussetzung für eine «sanfte Landung» seiner alternativen Urlaubsidee.

Sie werden vielleicht jetzt einwenden: Warum sagt Nils nicht frei heraus: «Du, ich will nicht wandern»? Darüber kann man dann doch diskutieren. Vielleicht setzen sich seine Argumente durch.

Aber Nils kennt Bettina. Wenn die sich was in den Kopf gesetzt hat ... Seit Jahren träumt sie vom Wandern im Thüringer Wald. Da ist massiver **Widerstand** zu erwarten.

Wir haben das Beispiel ein bißchen ausgewalzt, um Ihnen die Strategie des «Gedanken-Säens» deutlich zu machen. Wahrscheinlich fallen Ihnen jetzt ähnliche Situationen ein, Situationen, in denen Sie jemanden auf etwas vorbereiten wollten. Vielleicht darauf, daß die Versetzung gefährdet ist («Ich glaube, der Krause hat was gegen mich») oder daß das mit der angekündigten Gehaltserhöhung doch nichts wird. Immer dann, wenn Widerstand oder Angst zu erwarten ist, greifen wir gerne zu dieser Strategie.

Die suggestive Wirkung besteht darin, daß der gesäte Gedanke langsam, kaum merklich in unser Bewußtsein eindringt, dort aufgeht, ins Blickfeld unserer Aufmerksamkeit gelangt und zu einem selbstverständlichen Bestandteil unserer Gedanken und Vorstellungen wird. Wenn Nils an einem regnerischen Januartag sagt: «Auswandern müßte man, dahin, wo's warm ist», aktiviert er in Bettina das **ideodynamische Prinzip**. In ihr entstehen Bilder, vielleicht von sonnendurchwärmten Stränden. Diese Bilder werden durch immer wieder geschickt gestreute ähnliche Gedanken wachgerufen, angereichert, damit **prägnanter**, werden vielleicht Wunschbilder (Nils: «Der Sommer soll ja nicht so toll werden in unseren Breiten»). Um diese Bilder herum entsteht gewissermaßen ein neuer **Rahmen** für Urlaub (siehe weiter unten: Reframing). Die Bilder in diesem Rahmen fangen an, mit den Bildern zu konkurrieren, die Bettina von ihrer Wanderung im Thüringer Wald entwickelt hat. Das verunsichert Bettina. Ihre ursprünglich prägnante Vorstellung vom kommenden Urlaub wird **diffus**. Aber Bettina hat keinen unmittelbaren Druck, schnell Prägnanz herzustellen, also eine Entscheidung zu treffen. Denn die von Nils gesäten Gedanken sind ja nur beiläufige Bemerkungen, sind nicht mit Forderungen verknüpft, legen Bettina in keiner Weise fest, erwarten keine Antworten und Entscheidungen, aktivieren also auch nicht unmittelbar ihr Abgrenzungsbedürfnis, provozieren bei ihr keinen Widerstand. Aber sie lassen in Bettina allmählich die Erkenntnis reifen: Wenn ich den Thüringer Wald durchsetzen will, muß ich *bei Nils* mit Widerstand rechnen. Vielleicht wird hier auch das **Zugehörigkeitsbedürfnis** aktiviert, denn sie möchte keinen Streit mit Nils, zumal dann, wenn es um so schöne Dinge geht, wie gemeinsam Urlaub zu machen. Und wenn Nils irgendwann sagt: «Wir müssen uns noch entscheiden, was wir im Urlaub machen», dann ist Bettina darauf vorbereitet, hat vielleicht selbst schon ein paar Zweifel oder ist zumindest bereit, noch einmal gründlich Vor- und Nachteile abzuwägen. Und wie gesagt: Vielleicht kommt sie ja auch von sich aus zu der Erkenntnis, Spanien sei doch auch ganz schön. Und das mit dem guten Gefühl, das selbst und frei entschieden zu haben.

Allerdings darf Nils beim Auswerfen seiner Saat nicht übertreiben. Wenn Bettina bewußt wird, was er da treibt, kann es sein, daß sie eines Tages sagt: «Hör mal, du willst mich wohl klammheimlich umbiegen. Nicht mit mir. Wir hatten das Wandern abgemacht. Und nun steh auch dazu.»

Politiker verstehen es vorzüglich, Gedanken zu säen, um uns auf irgend etwas vorzubereiten: «Out-of-area-Einsätze der Bundeswehr», «Ökosteuer», «Fünf Mark pro Liter Benzin». Darüber können wir streiten, aber über diesem Streit gewöhnen wir uns langsam an die so gut vorbereitete Maßnahme. Und wenn sich diese fünf Mark für den Liter Benzin als eine zwar wenig populäre, aber doch irgendwie denkbare Möglichkeit in unseren Vorstellungen angesiedelt haben, und es gibt dann schließlich eine Erhöhung auf 3,50 Mark, sind wir erleichtert und dankbar.

## 2.2 Nullpunkt verschieben

Drei Mark fünfzig sind eben gegenüber fünf Mark das «geringere Übel». Wenn Sie in eine Radarfalle rauschen, ist der Führerschein in Gefahr. Das geringere Übel ist eine Geldstrafe von 150 Mark.

Und wer weiß, wann die Nato wieder einen Krisenherd befrieden muß und uns wieder über ein halbes Jahr hinweg den «Einsatz von Bodentruppen» ins Bewußtsein sät und uns damit auf das Schlimmste vorbereitet. Wir werden es geradezu als Erlösung erleben, wenn dann nur eine «Luftlandeoperation» stattfindet.

Die suggestive Strategie ist also: eine unangenehme Sache als bedrohlicher ankündigen, als sie aller Voraussicht nach sein wird, gewissermaßen den **Nullpunkt nach oben verschieben**. Wenn das unausweichliche Ereignis dann eintritt, weniger schlimm als erwartet, empfinden wir geradezu Erleichterung.

Wissenschaftlich ausgedrückt: Das Adaptionsniveau liegt höher als das tatsächliche Ereignis. Genau betrachtet unternimmt der, der diese Strategie verwendet, ein **Reframing**, er verschiebt oder verengt den Betrachtungsrahmen (siehe 2.5, S. 103).

Ein hübsches Beispiel für eine Nullpunktverschiebung fanden wir bei Robert B. Cialdini (1997, S. 32). Eine Studentin schreibt an ihre Eltern:

Liebe Mutti, lieber Papa!

Ich bin etwas schreibfaul geworden, seit ich zum Studium von zu Hause weggegangen bin, und es tut mir leid, daß ich nicht schon früher mal geschrieben habe. Ich werde Euch jetzt auf den neuesten Stand bringen, aber ehe Ihr weiterlest, setzt Euch bitte erst einmal hin. Lest erst weiter, wenn Ihr Euch gesetzt habt, okay?

Also dann, mittlerweile geht es mir eigentlich schon wieder ganz gut. Der Schädelbruch und die Gehirnerschütterung, die ich mir zugezogen hatte, als ich aus dem Fenster gesprungen war, nachdem im Wohnheim kurz nach meiner Ankunft ein Feuer ausgebrochen war, sind schon ganz gut verheilt. Ich war nur zwei Wochen im Krankenhaus, und jetzt kann ich schon fast wieder normal sehen und bekomme nur noch einmal am Tag diese elenden Kopfschmerzen. Zum Glück waren das Feuer im Wohnheim und mein Sprung von einem Tankwart von der Tankstelle nebenan beobachtet worden, und er war es auch, der die Feuerwehr und den Krankenwagen rief. Er besuchte mich auch im Krankenhaus, und weil ich ja wegen des Wohnheimbrands nicht wußte, wo ich hin sollte, war er so lieb, mir anzubieten, erst mal in seiner Wohnung unterzukommen. Die ist eigentlich mehr ein Kellerraum, aber irgendwo hat sie etwas. Er ist echt ein toller Typ, und wir haben uns wahnsinnig ineinander verliebt und wollen heiraten. Das genaue Datum steht noch nicht fest, aber das Ganze soll noch über die Bühne gehen, ehe man mir meine Schwangerschaft ansieht.

Ja, Mutti und Papa, ich bin schwanger, ich weiß, daß Ihr Euch darauf freut, Oma und Opa zu werden, und ich weiß, daß Ihr das Baby von ganzem Herzen willkommen heißen werdet und daß es von Euch genauso hingebungsvoll geliebt und gepflegt werden wird wie ich, als ich ein Kind war. Der Grund dafür, daß wir jetzt noch nicht heiraten, ist, daß mein Freund eine kleine Infektion hat, weswegen es Schwierigkeiten mit den Bluttests gibt, die für die Eheschließung verlangt werden, und ich mich dummerweise angesteckt habe. Ich weiß, daß Ihr ihn mit offenen Armen in unsere Familie aufnehmen werdet. Er ist sehr nett und hat zwar keine abgeschlossene Ausbildung, ist aber ehrgeizig.

Jetzt, wo ich Euch auf den neuesten Stand gebracht habe, möchte ich Euch mitteilen, daß es keinen Brand im Wohnheim gab, ich keine Gehirnerschütterung und keinen Schädelbruch hatte, nicht im Krankenhaus war, nicht schwanger bin, nicht verlobt, nicht infiziert und daß es keinen Freund gibt. Allerdings habe ich eine Vier in Geschichte und eine Sechs in Chemie, und ich will, daß Ihr diese Zensuren im richtigen Verhältnis seht.

Es grüßt Euch herzlich Eure Tochter

Bei Cialdini heißt die Strategie der Nullpunktverschiebung «Kontrastprinzip». Diese Strategie zieht nicht nur bei unangenehmen Ereignissen: Supermärkte schreiben auf ihre Preisschilder einen relativ hohen Preis, streichen ihn durch, schreiben einen niedrigen Preis darunter und lancieren so ihre Sonderangebote.

Übrigens: Hier zeigt sich bereits die enge Beziehung zwischen

Fremd- und Selbstsuggestion. Der Trick mit dem Sonderangebot klappt nur, weil wir uns selbst einreden, hier ein besonderes Schnäppchen zu machen. Da müssen wir einfach zugreifen, auch wenn wir die drei T-Shirts «im Set» für 19 Mark 99 im Augenblick gar nicht brauchen. Den entsprechenden Abschnitt über Selbstsuggestion finden Sie auf S. 180.

## Exkurs

Gerade diese beiden ersten Strategien des zweiten Abschnitts sind geeignete Belege für eine These, die wir auf den ersten Seiten dieses Buches aufgestellt haben: Suggestionen haben etwas mit Verschleiern zu tun. Nils Hartmann verschleiert durch sein vorsichtiges Gedanken-Säen seine eigentliche Absicht, Bettina vom Thüringer Wald abzubringen. Die «Schnäppchen-Strategie» des Supermarkts verschleiert die Tatsache, daß das Produkt gar nicht so billig ist. Oder sie verschleiert die Tatsache, daß das bei der Konkurrenz der Normalpreis ist.

Wir können das jetzt präzisieren:

**Eine suggestive Strategie ist ein Handlungsmuster zur Verschleierung von Absichten.**

Wir haben diese Handlungsmuster im Lauf unseres Lebens gelernt, und sie sind Bestandteile unseres Kommunikationsalltags.

Ständig sind wir Suggestionsversuchen ausgesetzt und versuchen unsererseits, anderen etwas zu suggerieren. Meistens sind wir uns dabei unserer suggestiven Mittel nicht bewußt, oft aber planen wir unser Vorgehen auch genau oder vertrauen auf unsere Intuition, daß etwas klappen könnte, wenn wir in einer bestimmten Weise vorgehen. Und nicht selten versuchen wir solche Suggestionen nur zu unserem eigenen Nutzen.

An dieser Stelle ist ein Wort zum Verhältnis von Suggestion

und Manipulation angebracht. Vielleicht ist die Definition des Unterschieds etwas künstlich, aber das haben Definitionen so an sich: Sie können nur Denkhilfen sein.

**Wenn wir jemandem *bewußt* etwas zu suggerieren versuchen, ist das für uns ein Manipulationsversuch, ganz gleich, ob wir dabei nur den eigenen Nutzen oder (auch) den Nutzen des anderen im Auge haben.**

Ob solche manipulativen Suggestionen ethisch vertretbar sind, wollen und können wir hier nicht allgemein entscheiden. Aber wir meinen, es könnte nützlich sein, ein wenig darüber nachzudenken.

Gewiß, wir verschleiern bei einem solchen Suggestionsversuch bewußt unsere eigentlichen Absichten, versuchen, die rationalen Zugriffsmöglichkeiten des Partners zu umgehen oder auszuschalten, lösen im anderen eventuell Reaktionen aus, die er in diesem Moment nicht kontrolliert und durchdacht hat. Aber wir übernehmen dabei gewissermaßen eine «kommunikative Verantwortung» für diese Situation und für das, was aus ihr folgt. Das gilt für den Kredithai, der uns wissentlich einen Knebelvertrag aufschwatzt. Das gilt für den Therapeuten, der uns suggestiv von unseren Ängsten befreien möchte. Einfach gesagt: Wenn es unserem Partner nach unserer geglückten Suggestion schlechtgeht, ist das unsere Schuld. Wie wir mit einer solchen Verantwortung umgehen, wird von der konkreten Situation abhängen, aber auch von unserem Menschenbild und unserer persönlichen Ethik. Natürlich drängt sich an dieser Stelle geradezu unwiderstehlich Emanuel Kants «kategorischer Imperativ» aufs Papier: «Handele nur nach derjenigen Maxime, durch die du zugleich wollen kannst, daß sie ein allgemeines Gesetz werde.»

Wir wollen unsere Überlegungen zur Suggestion nicht mit einem ethischen Postulat umkränzen. Aber wir haben schon die

Absicht, Ihnen einen Wahrnehmungsfilter zu liefern für das, was wir Ihnen hier darstellen.

Wir haben in unserer Definition unter dem Begriff «Manipulation» auch die Suggestionen versammelt, die wir zum *Nutzen* des anderen versuchen. Lassen Sie uns in diese Richtung noch ein paar Schritte weitergehen.

In der Psychotherapie sind Suggestionen häufig ein therapeutisches Mittel gegen Ängste und Seelenschmerzen. Wir erwarten geradezu, daß uns der Therapeut manipuliert.

Und im Alltag können sie gewissermaßen ein «soziales Federkissen» sein. Sehen wir uns vor diesem Hintergrund noch einmal die Strategie des «Gedanken-Säens» an.

Mit ihr können wir Widerstand minimieren. In einer Zeit, in der die persönliche Autonomie einen hohen Stellenwert genießt, ist das «Gedanken-Säen» eine sehr wirksame Strategie, vielleicht weil Suggestionen dieser Art sehr entlastend und kommunikationsfördernd sein können. Sie vermitteln dem anderen nicht nur das Gefühl, frei entscheiden zu können, sie lassen ihm Zeit dazu und geben ihm die Möglichkeit, sein Gesicht zu wahren und ohne Druck und nach reiflichem Überlegen seine Meinung zu ändern. Dennoch: Aus der Verantwortung für das, was kommt, sind wir damit nicht entlassen. Das wird Nils merken, wenn der Urlaub in Spanien völlig in die Hose geht, weil das Hotel schlecht, das Wetter mies ist und zu allem Überfluß zur gleichen Zeit im Thüringer Wald die Sonne scheint.

## 2.3 Implikationen

Auch die Impalikation ist eine Strategie, die dazu dienen kann, Absichten zu verschleiern. Auch mit ihr läßt sich Widerstand minimieren. Fangen wir gleich mit einem Beispiel an:

> **Nehmen Sie sich etwas Zeit für ein Gespräch mit uns. Nutzen Sie unsere Erfahrung, und lassen Sie sich eine Strategie entwickeln, die speziell auf Ihre Wünsche und Ziele zugeschnitten ist. Auch wenn Sie kein Konto bei uns haben.**

Das ist ein leicht abgewandelter Werbetext der Deutschen Bank. Der Text liest sich gut und hört sich gut an, wenn er laut gesprochen wird. Oberflächlich betrachtet, fordert er uns lediglich auf, uns Zeit für ein Gespräch zu nehmen (vermutlich mit einem Mitarbeiter der Bank), die Erfahrung der Bank zu nutzen und uns vom Banker eine persönliche Strategie entwickeln zu lassen (vermutlich, um unser Geld gewinnbringend anzulegen). Tatsächlich aber enthält diese Aufforderung **zusätzlich** bestimmte Mitteilungen, die beim schnellen Hören oder Lesen normalerweise nicht als Mitteilungen wahrgenommen werden. Solche zusätzlichen in einem Text versteckten Mitteilungen nennen wir **Implikationen** oder Vorannahmen. Schauen wir uns das einmal etwas genauer an. Der erste Satz des Werbetextes lautet:

**Nehmen Sie sich Zeit für ein Gespräch mit uns.**

Als Implikation bezeichnen wir einen Sachverhalt, der zutreffen muß, damit der Text einen Sinn ergibt. Wenn ich Sie auffordere, sich für ein Gespräch mit mir Zeit zu nehmen, dann ist diese Aufforderung nur dann sinnvoll, wenn auch ich Zeit habe, mit Ihnen zu sprechen. Der implizierte Sachverhalt lautet also im Klartext:

*Wir haben Zeit für ein Gespräch mit Ihnen.*

Analysieren wir nun auch die nächsten Sätze unter dem Gesichtspunkt ihrer Implikationen.

| Text | Implikation |
|---|---|
| Nutzen Sie unsere Erfahrungen, | *Wir haben Erfahrungen, die Ihnen nützlich sind.* |
| und lassen Sie sich Strategien entwickeln, die speziell auf Ihre Wünsche und Ziele zugeschnitten sind. | *Wir sind in der Lage, individuell passende Strategien für Sie zu entwickeln. Damit werden Sie Ihre Wünsche und Ziele erreichen.* |
| Auch wenn Sie kein Konto bei uns haben. | *Wir sind ganz selbstlos. Sie brauchen nicht einmal ein Konto bei uns.* |

Wir sehen: Die impliziten Mitteilungen in der rechten Spalte sind unausgesprochene Aussagen über Sachverhalte, die der Schreiber oder Sprecher als selbstverständlich wahr unterstellt. Als unbefangene Hörer oder Leser gehen wir im allgemeinen davon aus, daß Sätze, die wir hören oder lesen, natürlich einen Sinn haben.

Wenn man Sie auffordert, das Fenster zu schließen, dann ist diese Aufforderung sinnvoll, wenn das Fenster derzeit geöffnet ist. Andernfalls ist die Aufforderung sinnlos. Ob Sie der Aufforderung dann folgen oder nicht, ist eine andere Frage. In den meisten Fällen vertrauen wir erst einmal darauf, daß uns kein Unsinn vorgesetzt wird. Und glücklicherweise ist dieses Vertrauen meistens auch berechtigt. Vor allem ist dieses Vertrauen notwendig für eine möglichst reibungslose Verständigung mit unseren Mitmenschen. Wenn wir jede einzelne Aussage ständig daraufhin überprüfen wollten, ob sie eventuell unberechtigte Implikationen enthält, dann wären wir bald reif für den Psychotherapeuten.

Wir können uns allerdings fragen, warum der Werbetexter der Bank nicht direkt formuliert hat, was er dem potentiellen Kunden mitteilen wollte. Er hätte ja auch so schreiben können:

> Wir haben für Sie Zeit und verfügen über Erfahrungen,
> die Ihnen nützlich sein können. Sprechen Sie mit uns.
> Wir sind in der Lage, eine für Sie individuell passende
> Strategie zu entwickeln, mit der Sie dann Ihr Geld
> gewinnbringend anlegen. Kommen Sie auf jeden Fall zur
> Deutschen Bank. Wenn Sie noch kein Konto bei uns
> haben, werden wir für Sie eines eröffnen.

Und hier noch mal das Original zum Vergleichen:

> Nehmen Sie sich etwas Zeit für ein Gespräch mit uns.
> Nutzen Sie unsere Erfahrung, und lassen Sie sich eine
> Strategie entwickeln, die speziell auf Ihre Wünsche und
> Ziele zugeschnitten ist. Auch wenn Sie kein Konto bei
> uns haben.

Bemerken Sie den feinen, aber bedeutsamen Unterschied? Zunächst spürt man ihn eher, als daß man sagen könnte, worin der Unterschied eigentlich liegt – außer in unterschiedlichen Worten natürlich. Was suggeriert der Originaltext im Vergleich zu unserer Variante? Lassen Sie die beiden Texte eine Weile auf sich wirken, bevor Sie weiterlesen.

Nun, die emotional wirksamen Unterschiede liegen einmal in unterschiedlichen Beziehungsangeboten der beiden Texte, zum anderen im unterschiedlichen Umgang mit behaupteten Fakten.

Zunächst einmal zu den Fakten: In der von uns konstruierten Variante behauptet die Deutsche Bank, über bestimmte Qualifikationen zu verfügen:

**Wir haben Zeit; wir haben nützliche Erfahrungen; wir sind in der Lage, individuelle Strategien zu entwickeln.**

Der kritische Hörer oder Leser kann diese Behauptungen natürlich anzweifeln. Haben die wirklich so viel Zeit? Sind die Erfahrungen nicht nur für die Bank nützlich? Dienen die individuellen Strategien nicht eher dazu, mich individuell einzuwickeln? Dieser Text fordert solche Zweifel heraus. Der Kunde wird also als kritischer Partner angesprochen. Er kann und soll prüfen, ob das Angebot ihm zusagt.

Anders der Originaltext: Da wird nichts behauptet. Da werden dieselben Qualitäten der Bank als selbstverständlich unterstellt. Sie stehen gar nicht mehr zur Diskussion. Thema im Originaltext sind nicht mehr Fakten. Thema ist vielmehr ausschließlich das Verhalten des Kunden und seine Beziehung zur Bank. Der Kunde soll sich wohl fühlen:

**Nehmen *Sie* sich Zeit; nutzen *Sie* unsere Erfahrung; lassen *Sie* sich eine Strategie entwickeln etc.!**

Die Implikation ist: Alles dreht sich um **Sie**, den Kunden. Und dann auch noch:

*Lassen Sie sich* **eine Strategie entwickeln ...**

Geht das nicht runter wie Honig? Wer fühlt sich bei dieser Formulierung nicht als wichtige Persönlichkeit angesprochen, die sich vom Dienstpersonal nützliche Vorschläge unterbreiten läßt? Mit anderen Worten: Der Originaltext suggeriert eine Beziehung der Art: «Sie, der Kunde, sind König. Wir stehen Ihnen zu Diensten.» Der originale Werbetext ist verführerisch, appelliert an (vielleicht kindliche) Größenphantasien. Die implizierten Behauptungen finden gewissermaßen unbemerkt (unbewußt) Eingang in Gedanken und Gefühle des Lesers. Und diese Behauptungen können bestimmte Sachverhalte («Wir haben Erfahrung») wie auch Beziehungen («Wir sind ganz für Sie da») unterstellen.

Fassen wir zusammen: **Behauptungen, die wir nicht offen (explizit), sondern versteckt (implizit) dem Bewußtsein des Hörers gewissermaßen unterschieben, werden dadurch für das Bewußtsein nicht unmittelbar Thema. Sie kommen als schiere Selbstverständlichkeiten daher und können deshalb leichter die kritische Bewußtseinskontrolle passieren.**

Wir haben dieses Beispiel etwas ausführlicher analysiert, um Ihnen zu zeigen, wie vielschichtig diese Strategie ist. Wie wir gesehen haben, verbergen sich Implikationen meistens in ganzen Aussagen und Textzusammenhängen.

Auch die **Satzkonstruktionen** unserer Sprache geben uns die Möglichkeit, Absichten, Aufforderungen in Implikationen zu verstecken, zum Beispiel in vorgeschalteten Nebensätzen. Bettina zu Nils:

Wenn du nachher den Mülleimer rausbringst: Das Zeug muß in die grüne Tonne. *(Implikation: Du bringst nachher den Mülleimer raus.)*

Eigentlich kann man hier von «Verstecken» kaum sprechen. Und diesen so offensichtlichen Unterstellungen kann man ja auch leicht begegnen:

Ich schaff es wirklich nicht, den Mülleimer rauszubringen.

Ein anderes Beispiel. Nils hat Alf Geld geliehen und erinnert ihn auf seine Weise:

Wenn du mir am Montag die zweihundert Mark überweist, bitte auf das Konto bei der Volksbank. Die Nummer hast du ja.

Nils hätte auch sagen können:

> Bitte denk dran, mir am Montag die zweihundert Mark zu überweisen.

Diese direkte Aufforderung könnte von Alf so interpretiert werden, daß Nils ihn für unzuverlässig hält. Ganz anders der erste Satz. Er impliziert:

**1.** Nils hält es für selbstverständlich, daß Alf ihm am Montag das Geld überweist.

**2.** Nils setzt voraus, daß das auch für Alf selbstverständlich ist, daß also beide in ihren Wertvorstellungen übereinstimmen.

Nils suggeriert Alf damit Wertschätzung und Zugehörigkeit. Wenn das nicht ein Paradebeispiel ist für die konstruktive Wirkung von Suggestion ...

Auch einzelne **Wörter** enthalten für sich bereits eine Implikation, zum Beispiel Verben, die eine Zeitdimension beschreiben:

> Nils hat *aufgehört* zu rauchen. *(... er hat geraucht.)*
>
> Bettina hat *angefangen* zu joggen. *(... bisher hat sie nicht gejoggt.)*

Auch Zeitadverbien enthalten oft Implikationen:

> Bettina arbeitet *nicht mehr* bei Krause & Co. *(Sie hat dort gearbeitet.)*

Gerade Implikationen, die in Adverbien enthalten sind, können uns oft zur Weißglut bringen:

> Du bist *schon wieder* zu spät gekommen. *(... wie üblich.)*
>
> Immer muß ich den Mülleimer rausbringen. *(... ohne Ausnahme.)*

Aber auch hier ein Beispiel dafür, daß solche Implikationen konstruktiv sein können. In einer Psychotherapiesitzung klagt der Patient:

> In einen vollen Fahrstuhl steigen, das kann ich nicht. *(Und werde es nie können.)*

Der Therapeut bestätigt und modifiziert gleichzeitig diese Aussage:

Richtig, *bisher* konnten Sie es *noch* nicht. *(Sie werden es können.)*

Er stellt mit dieser Implikation gewissermaßen eine positive **Prognose** (siehe S. 151).

Implikationen verbergen sich aber nicht nur in der Sprache.

Nils und Bettina haben Freunde zu einem sonntäglichen Festessen eingeladen. Bettina lobt Nils:

Dein Salat schmeckt übrigens wieder vorzüglich.

Und zu den Freunden gewandt:

Also, *Salat machen*, das kann er!

Die Betonung im zweiten Satz liegt auf «Salat machen». Das ist nicht nur ein Beispiel für die hohe Kunst, jemanden liebevoll in die Pfanne zu hauen. Dieses Beispiel führt uns gewissermaßen in eine Gegend, die weitläufig und unübersichtlich ist: Implikationen verstecken sich sehr häufig im **Sprechausdruck**, also in der Satzintonation, in der Betonung, im Stimmklang. In unserem Buch «Konstruktiv Gespräche führen» haben wir versucht, dieses Phänomen systematisch zu beschreiben, und auch hier finden Sie weiter unten einen Abschnitt zum Sprechausdruck und zur Körpersprache. An dieser Stelle nur ein paar Beispiele: Wenn Bettina ihren Ehemann, wie wir gesagt haben, «liebevoll in die Pfanne haut», verwendet sie das Mittel der Betonung (man sagt auch «Akzentsetzung»):

*Salat* machen kann er. *(... aber das ist auch das einzige.)*

Sie kennen sicher viele ähnliche Beispiele:

So kannst du mit *mir* nicht reden. *(... höchstens mit deinen Freunden.)*

*Der* kommt mir nicht ins Haus. *(... ein anderer wäre willkommen.)*

*So* kann ich dich nicht mitnehmen. *(... zieh dir was anderes an.)*

Mit diesem Satz wollen wir ein bißchen spielen:

So kann *ich* dich nicht mitnehmen. *(... vielleicht tut's ein anderer.)*

So kann ich *dich* nicht mitnehmen. *(... Jens schon eher.)*

Wir können hier ein System erkennen: Nach den Regeln der deutschen Satzintonation liegt die Betonung auf «mitnehmen». Wenn aber wie hier etwas Besonders hervorgehoben wird, wenn Wörter betont werden, die normalerweise in diesem Satz keinen Akzent hätten, soll mit großer Wahrscheinlichkeit eine Implikation transportiert werden.

Das gilt zum Beispiel auch, wenn eine Frage nicht als Frage gesprochen wird, sondern als Feststellung. Die Stimme geht also am Ende des Ausspruchs nicht hoch, sondern runter:

Warum kommst du so spät? *( ... ich finde das eine Frechheit.)*

Hast du mir nichts Besseres zu bieten? *(... dieses jedenfalls ist Murks.)*

Polizisten und andere Respektspersonen verschleiern gerne ihre Befehle in Form von Fragen, die sie nicht als Fragen sprechen:

Können Sie mir mal Ihren Führerschein zeigen? *(... los, ein bißchen dalli.)*

Auch Ironie ist ein Transportmittel von Implikationen:

Du bist mir ein schöner Freund. *(Ein Verräter biste.)*

Na, das haben Sie ja wieder mal großartig hingekriegt, Meier. Bei der **Körpersprache** sind es vor allem der Blickkontakt und die Körperhaltung, die Implikationen transportieren.

Nehmen wir ein Partygespräch. Stellen Sie sich vor, Sie stehen in einer Gruppe von, sagen wir, vier Leuten irgendwo im Raum herum und plaudern über dies und das. Freiberger, der auch wieder dabei ist, guckt, während er spricht, immer nur die anderen beiden an und würdigt Sie keines Blickes. Auch hat er Ihnen die Schulter zugedreht. Ob er das bewußt macht? Zuzutrauen wär es ihm. Auf jeden Fall impliziert seine Körperhaltung Abweisung oder Ausschluß und macht Ihnen Ihr unbefriedigtes Zugehörigkeitsbedürfnis schmerzlich bewußt.

Gehen wir noch einen Schritt weiter: Die ganze Zeit redet Freiberger vom Golfen. Und Sie sind der einzige, der nichts davon versteht. Sie wissen nicht, was ein «Tee» ist und ein «Driver» und «Stableford»,* und Sie kennen auch nicht Kroppmann, der wie Freiberger genüßlich verkündet, was ein «Handicap-Schoner» ist. Kein Zweifel: Freiberger suggeriert Ihnen, daß Sie nicht dazugehören. Was tun? Thematisieren können Sie die «kalte Schulter» und den fehlenden Blickkontakt nicht. Das verbietet in diesem Kontext eine ungeschriebene Gesprächsregel. Wenn Sie mit einem hohen Maß an Selbstvertrauen ausgestattet sind, könnten Sie das Fachgespräch unterbrechen:

**Würden Sie mir bitte sagen, was «Stableford» ist? Ich spiele kein Golf.**

Vielleicht kriegen Sie dann ja heraus, ob Freiberger Sie absichtlich isoliert hat. Vielleicht sagt er ja:

**Oh, Verzeihung, ich denke, wir sollten das Thema wechseln.**

Oder aber:

*Ach je, das hatte ich ganz vergessen.*

Wenn Sie genau hinhören, bekommen Sie schon raus, ob er Ihnen suggerieren will:

---

* Was, Sie spielen noch kein Golf? Selbstverständlich sollen Sie dann wissen, daß «Tee» die Abschlagstelle und der kleine Holz- oder Plastikkegel ist, auf den der Spieler beim Abschlag seinen Ball legt. Der «Driver» ist ein Schläger mit einem ganz großen Kopf, den man beim Abschlag benutzt, «Stableford» ist eine besondere Zählweise beim Golf.

*Na ja, Sie gehören ja auch nicht dazu.*

Hier wird deutlich, daß Implikationen häufig *interpretierte* Implikationen sind. Freiberger ist Ihnen unsympathisch, also interpretieren Sie sein Verhalten und das, was er sagt, entsprechend. Gerade Sprechausdruck und Körpersprache lassen oft Raum für das Hineininterpretieren von Implikationen. Deshalb haben sie auch so ein hohes Maß an suggestivem Potential.

Das letzte Beispiel zeigt aber noch etwas anderes. Wir transportieren und verstehen Implikationen oft vor dem Hintergrund sozialer Konventionen. Höflichkeit zum Beispiel ist ein sehr geeignetes Mittel, Zugehörigkeit zu unterstellen und zu suggerieren und auf diese Weise zu verschleiern, was man wirklich will oder meint.

Sie merken schon: Implikationen verbergen Absichten, Aufforderungen, Behauptungen. Es lohnt sich, genau hinzuhören, was der andere sagt und wie er etwas sagt. Wenn Sie Lust haben, ein bißchen zu trainieren, brauchen Sie eigentlich nur morgens die Zeitung aufzuschlagen und, sagen wir, den Kommentar zu lesen.

Ein Kommentar in der «taz» vom 23. 6. 1999 (dem Tag, an dem wir diese Zeilen schrieben) begann so:

### Iran: Der Prozeß gegen Helmut Hofer wird verschoben

Auf den ersten Blick ist es nur eine erneute Schikane. Helmut Hofer darf noch einmal 50 Tage in Teheran um sein Leben bangen, bis ihm erneut der Prozeß gemacht wird – Ende offen. Die Erklärung des Gerichts, das Verfahren müsse verschoben werden, weil die offiziellen Gerichtsdolmetscher einfach nicht erschienen seien, gibt einen kleinen Einblick in die innere Verfassung des iranischen Justizapparates.

Sie werden die hier enthaltenen Implikationen sicher mit Leichtigkeit entdecken.

Bevor Sie nun weiterlesen, halten Sie bitte einen Moment inne. Wir wissen nicht, was von dem, was wir bisher geschrieben haben, für Sie neu war. Natürlich wissen wir auch nicht, auf welche Weise Sie einen Text wie diesen verarbeiten, was Sie daraus lernen und wie Sie Implikationen für sich nutzen können. Aber wir sind sicher: Sie haben schon jetzt gewissermaßen einen Teil Ihrer «kommunikativen Unschuld» verloren.

Auf so etwas fallen Sie jetzt nicht mehr rein, stimmt's?

| Text | Implikation |
|---|---|
| Bevor Sie weiterlesen, halten Sie bitte einen Moment inne. | *Sie* werden *weiterlesen.* |
| Wir wissen nicht, was von dem, was wir bisher geschrieben haben, für Sie neu war. | *Auf jeden Fall* haben Sie *das eine oder andere Neue erfahren, und weitere Neuigkeiten* werden *folgen.* |
| Natürlich wissen wir auch nicht, auf welche Weise Sie einen Text wie diesen verarbeiten, | *Selbstverständlich verarbeiten Sie diesen Text,* |
| was Sie daraus lernen | *Sie lernen daraus,* |
| und wie Sie Implikationen für sich nutzen können. | *und Sie können Implikationen für sich nutzen.* |
| Aber wir sind sicher: Sie haben schon jetzt gewissermaßen einen Teil Ihrer «kommunikativen Unschuld» verloren. | *Sie haben bis jetzt im Zustand «kommunikativer Unschuld» gelebt.* |

## 2.4 Beiläufigkeit

Eine Implikation hat im wahrsten Sinne des Wortes etwas Beiläufiges: Da «läuft» etwas neben oder unter dem Gesagten und Geschriebenen, da steht etwas zwischen den Zeilen.

Auch wenn wir «Gedanken säen», tun wir das beiläufig. Irgendwann streuen wir etwas ein, setzen vielleicht noch ein «übrigens» davor, um zu zeigen, daß uns das gerade «ganz nebenbei» so eingefallen ist. Das drücken wir oft im Sprechen aus: Wir sprechen es schneller, mit schwachen Betonungen, wenig Satzmelodie, eben «so nebenbei», gewissermaßen in einer «Mulde» im Verhältnis zu unserer Sprechform drumherum.

Wenn wir etwas beiläufig sagen, können wir auf diese Weise den möglichen Widerstand des Partners minimieren oder sogar verhindern. Eine beiläufige Äußerung, auch wenn sie inhaltlich den Freiheitsspielraum des Partners in Frage stellt, also seiner Meinung oder seinen Plänen widerspricht, wirkt weniger bedrohlich. Daraus folgt: Wenn wir etwas beiläufig sagen, also so tun, als wäre es uns nicht so wichtig, ist die Chance groß, daß unser Partner das so akzeptiert.

Aber gehen wir noch einen Schritt weiter: Beiläufigkeit wird oft dazu benutzt, unser Bewußtsein gewissermaßen zu umgehen, Bilder in uns entstehen zu lassen, ohne daß wir das dann merken.

Da taucht in einem Film bei einer Kamerafahrt eine Cola-Dose auf, da hängt im Zimmer der jugendlichen Hauptdarstellerin das Poster eines berühmten Sängers, da wird – ganz kurz nur – die Marke des Polizeiautos eingeblendet.

Wie gesagt: beiläufig, ohne für die Handlung, also auch für uns als Zuschauer, irgendeine Bedeutung zu haben. Aber unser Auge registriert das. Das Bild ist gespeichert. Eine hinreichend bekannte Tatsache* für alle kritischen Konsumenten und für alle, die kritische Konsumenten sein wollen.

Aber was uns hier unter den Begriffen «Schleichwerbung» und «heimliche Verführer» schon so häufig als böses Menetekel ins kritische Stammbuch geschrieben wurde, ist in der Hypnotherapie eine wirkungsvolle und konstruktive Methode und wird dort «Einstreutechnik» genannt. Der Therapeut erzählt eine Geschichte und streut unvermittelt, oft zusammenhanglos therapeutische Botschaften ein. Ein Ausschnitt aus einem therapeutischen Monolog zur Schmerztherapie (Riebensahm 1992):

Ich möchte Ihnen etwas erzählen über unterschiedliche Arten zu fliegen. Das ist eine Sache, die einen neugierig macht. Schon im Altertum und auch heute noch gab und gibt es Menschen, die davon träumen, fliegen zu können *leicht wie ein Vogel*. In ihrer Phantasie erheben sie sich hoch hinauf und *genießen* den Anblick der immer kleiner werdenden Häuser, Wälder und Straßen, Flüsse und Seen. Im *Traum* haben Sie das sicher schon einmal erlebt. «Über den Wolken», singt Reinhard Mey, «muß die Freiheit wohl grenzenlos sein.» *Die Freiheit von Schmerzen*, Ängsten und Sorgen.

Vielleicht kennen Sie dieses Lied. Von oben betrachtet, scheint alles nichtig und klein. *Und ich weiß nicht, ob Ihre Schmerzen sich in der Weise verändern, wie Sie es sich vorstellen.* Sie kennen vielleicht auch die alte Geschichte von Dädalus und Ikarus, Vater und Sohn, die sich Flügel machten aus Federn und Wachs, um ihrem Gefängnis zu entgehen. Ikarus

---

* In der Wahrnehmungspsycholgie geht man sogar davon aus, daß auch Reize, die wir gar nicht bewußt wahrnehmen können – zum Beispiel, weil die Darbietung nur Sekundenbruchteile dauert –, aufgenommen werden und Wirkungen entfalten. Man spricht dann von *subliminaler Wahrnehmung.*

wollte zu hoch hinaus und stürzte ab. Dädalus hielt die Balance zwischen Sonne und Meer und konnte schließlich als freier Mensch in seine Heimat zurückkehren. Erst im 18. Jahrhundert gelang es Menschen zum ersten Mal tatsächlich, sich in die Luft zu erheben. Es waren die französischen Gebrüder Montgolfier, *frei und leicht*, die im Jahr 1783 mit einem einfachen Heißluftballon aufstiegen. Sie flogen bereits zehn Kilometer weit. *Und Sie wissen, wir können uns vorstellen, daß Schmerzen in jeder Minute ein Stück weit wegfliegen können.* Vielleicht ist es auch für Sie von Interesse, herauszufinden, wieso ein Heißluftballon überhaupt fliegt. Zunächst ist der Ballon ja nichts als ein riesiger Sack aus sehr dünnem und luftdichtem Material.

Übrigens war der Ballon der Gebrüder Montgolfier noch aus Papier, einem Stoff, der ihnen als Papierfabrikanten in großer Menge zur Verfügung stand. Wenn heutzutage ein Heißluftballon starten soll, liegt zunächst eine riesige Hülle der Länge nach im Gras. Der Stoff fühlt sich an wie eine dieser besonders leichten Windjacken – *Sie kennen dieses Gefühl von Leichtigkeit* –, die man auf die Größe eines Tennisballs zusammenknüllen und bei Bedarf wieder entfalten kann ...

Der Therapeut hofft, daß diese beiläufig eingestreuten Ideen und Bilder vom Patienten aufgenommen werden – ob bewußt oder unbewußt, ist nicht von Belang – und ihre beabsichtigte Wirkung entfalten: hier die Linderung der Schmerzen.

Wieder auf andere Weise versucht Herr Abel – Sie erinnern sich: der Versicherungsvertreter von Nils Hartmann –, die suggestive Strategie der Beiläufigkeit zu nutzen. Nach einem Beratungsgespräch packt er seine Sachen zusammen, spricht dabei über dies und das, zum Beispiel über seinen letzten Urlaub in Andalusien, schiebt zwischendurch ganz beiläufig ein Blatt Papier zu Nils herüber, spricht mit großem Enthusiasmus über die Affen auf dem Felsen von Gibraltar, legt so nebenbei den Kugelschreiber neben das Blatt, ist inzwischen bei dem einmaligen Altar in der Kathedrale von Sevilla ... und sagt ganz unvermittelt und beiläufig:

Ach, wenn Sie bitte hier gerad' noch unterschreiben wollen, Herr Hartmann.

Es soll viele geben, die automatisch, sozusagen im Reflex zum Stift greifen und unterschreiben. «Überrumpelungstaktik» nennt man das auch. Die Aufmerksamkeit des Kunden ist durch die Geschichte gebunden. Dennoch nimmt er unbewußt wahr, wie Papier und Stift wandern. Und dann kommt etwas Unvermitteltes, etwas, das aus dem Sprechfluß der Erzählung herausfällt, die Aufmerksamkeit des Kunden jäh bindet, ohne daß ihm Zeit bleibt, das gedanklich zu verarbeiten – und zack: Er greift zum Stift.

In der Sozialpsychologie gibt es dazu einen interessanten Feldversuch von Langer, Blank und Chanowitz (1978): Eine Testperson ging in einem Fotokopierladen an der Schlange der Wartenden vorbei, bis ganz nach vorne, und sagte zu dem, der als nächster dran war, und zwar völlig beiläufig, wie selbstverständlich:

Ach bitte, könnten Sie mich vorlassen, ich hab hier nur was zu kopieren.

Die Erfolgsquote betrug 93 Prozent.

Wenn Sie ein Krimifan sind, fällt Ihnen in diesem Zusammenhang vielleicht Columbo ein. Nach einem wenig aufregenden Verhör geht der kleine Detektiv zur Tür, öffnet sie, ist schon fast draußen ... und dreht sich noch einmal um ... macht eine lange Pause. Und dann kommt das, was die Handlung forttreiben wird. Columbo sagt es ganz leise, fast tonlos, ganz nebenbei:

> Was ich noch fragen wollte, hatten Sie sich die Pistole geliehen?

Dieses Beispiel kann allerdings aus zwei Perspektiven betrachtet werden. Aus der Perspektive des Verdächtigen ist es eine Überrumpelungstaktik, aus dem Blickwinkel des Krimifans kommt eine andere Wirkungsdimension der Beiläufigkeit ins Spiel: der Erwartungsrahmen. Im Gegensatz zum Verdächtigen *erwartet* der Zuschauer diese Sequenz: Columbo geht zur Tür ... dreht sich um ... Pause ... Vielleicht sieht er diese Krimis deshalb so gern, weil diese Stelle ihn in eine prickelnde Erwartungsspannung versetzt: Was wird er sagen? Verblüffend!

Wer ins Kabarett geht, weiß, daß die besten Pointen oft in Beiläufigkeiten versteckt sind. Das ist das Reizvolle. Man wartet geradezu darauf. Dieter Hildebrandt ist ein großer Meister der beiläufigen Pointe.

Er berichtet in seinem Solo von einem alltäglichen (politischen) Ereignis bis zu einem bestimmten Punkt, bricht seinen Sprechfluß ab, macht eine kurze Pause und setzt dann – wie in eine Mulde gesprochen – seine verblüffende Pointe.

Zum Thema «Kirche heute» («Scheibenwischer», 1993):

> An Gott kommt keiner vorbei ... *außer ein BMW 725.*

In derselben Sendung zum Thema «Verhältnis Arbeitgeber – Arbeitnehmer». Der Arbeitgeber sagt:

> Ich hab die Idee, und du hast Hunger. Du schaffst, und ich verkauf's. Dafür kriegst du die Hälfte und ich die andere Hälfte ... *also 80 Prozent.*

Wichtig ist dabei die Pause vor der Pointe.

Der Kabarettist Urban Priol 1999:

> Bayern hat ja eine Menge Flüchtlinge aufgenommen ... *auf Video.*

Übrigens: Diese Pointen wirken auch dadurch, daß sie jäh einen neuen **Betrachtungsrahmen** aufblitzen lassen, die verblüffende Erkenntnis: So kann man das auch sehen. Damit leiten wir über zum nächsten Abschnitt. In ihm geht es nicht mehr um das Minimieren von Widerstand, sondern um das Herstellen von Prägnanz.

## 2.5 Reframing

Alf ist deprimiert. Alf ist krank. Sein Hausarzt diagnostiziert eine fiebrige Bronchitis, verordnet ihm drei Tage Bettruhe und ein Medikament. Aber als selbständiger Unternehmer – Sie erinnern sich: Alf betreibt eine Werbeagentur – kann er sich drei Tage Bettruhe eigentlich nicht erlauben. Sein Hausarzt kennt dieses Problem und gibt ihm deshalb einen guten Rat mit auf den Weg:

Ich sage Ihnen, Ihr Körper warnt Sie. Wenn Sie nicht dafür sorgen, daß Ihr Streß weniger wird, werden Sie nicht so schnell wieder richtig gesund! – Sehen Sie, heute scheint endlich mal wieder die Sonne. Warum gehen Sie nicht einfach mal zwei Stunden spazieren zwischendurch?

Genau deshalb ist Alf deprimiert. Der Doktor hat gut reden. Ist ja richtig, was er sagt. Aber wie soll er seinen Streß reduzieren? Als Chef und kreativer Kopf seines Teams muß er schließlich morgens als erster da sein – und abends als letzter gehen. Natürlich kommen da leicht sechzig Arbeitsstunden pro Woche zusammen. Und seine Frau und sein Kind haben auch ein Recht auf ihn. Und zwischendurch auch noch zwei Stunden spazierengehen? Unmöglich!

Abends beim Bier spricht er mit seinem Schwager Henning über das Problem. Hier ein Ausschnitt aus diesem Gespräch:

**Henning:** Wenn du morgens als erster kommst und abends als letzter gehst, dann hast du ja sicher ein hochmotiviertes Team.

**Alf:** Doch, kann man so sagen. Klasse Leute!

**Henning:** Und die sind froh, daß sie in diesem klasse Team arbeiten können.

**Alf:** Das hoffe ich doch. (Kurze Pause.) Ja, wir kommen sehr gut zurecht miteinander.

**Henning:** Dann sind die Leute sicher auch daran interessiert, daß der Laden so gut weiterläuft wie bisher.

**Alf:** Klar doch. – Aber worauf willst du raus?

**Henning:** Ich meine, wenn deine Leute hier einen guten Job haben, gut verdienen ...

**Alf:** Zeitweise mehr als ich!

**Henning:** ... na, dann erst recht – dann müssen die doch sehr zufrieden sein.

**Alf:** Das Gefühl habe ich, ja. Aber ...

**Henning:** Dann müssen die doch glücklich sein, daß du ihnen die Möglichkeit gibst, in deinem Laden zu arbeiten.

Es entsteht eine kleine Pause.

**Alf** (nachdenklich)**:** So habe ich das noch nie gesehen. Aber du hast schon recht. Sie haben mir tatsächlich 'ne Menge zu verdanken.

**Henning:** Genau. – Und meinst du nicht auch, daß sie gar nichts dabei finden, wenn du dich bei nächster Gelegenheit, wenn die Sonne scheint, für zwei oder drei Stunden verabschiedest oder freitags früh anrufst und sagst: «Ich komm heute nicht!»?

**Alf:** Hm.

**Henning:** Zumal deine Mitarbeiter diesen guten Job nur behalten können, solange du gesund und arbeitsfähig bist.

**Alf:** Jaja.

**Henning:** Also tu was für deine Gesundheit.

Daß das Gespräch Wirkung gezeigt hat, erfährt Henning aus einem Telefongespräch am Montag drauf.

**Alf:** Ich ruf dich übrigens von zu Hause aus an. Ich geh heut erst mittags in die Agentur. Ich dachte, das könnte dich interessieren. Danke noch mal.

Henning praktiziert im Gespräch mit Alf eine klassische suggestive Strategie: die Umdeutung. Das heißt, er nimmt das Bild, das Alf ihm zeichnet, und setzt es in einen anderen Rahmen. Eben das bedeutet der englische Begriff «reframing». «Frame» ist der Rahmen, der Interpretations- oder Bezugsrahmen.

Verfolgen wir das Gespräch noch einmal im einzelnen.

Zunächst ist Alf deprimiert, weil er für sich keine Möglichkeit sieht, den vernünftigen Rat seines Arztes («Reduzieren Sie Ihren Streß!») zu befolgen. In seinem Bezugsrahmen hat er als Chef eine besondere Verpflichtung und Verantwortung gegenüber seinen Mitarbeitern. Und «zwei Stunden spazierengehen zwischendurch» erscheint ihm als Verstoß gegen seine Verpflichtung zur Solidarität gegenüber seinen Mitarbeitern. Wenn er sich diesen Verstoß erlauben würde, hätte er ein schlechtes Gewissen, und darüber hinaus fürchtet er um seine Reputation als Chef, das könnte sich negativ auf die Motivation der Mitarbeiter auswirken. Sein Bezugsrahmen ist also hier sein individuelles Arbeitsethos. Er sieht das alles nur aus dieser, seiner eigenen Perspektive.

Hier setzt Henning an. Er läßt sich zunächst von Alf bestätigen, daß er mit einem hochmotivierten Team arbeitet. Dem kann Alf schlecht widersprechen. Er kann auch nicht widersprechen, wenn Henning seine Aufmerksamkeit auf den Umstand lenkt, daß die Mitarbeiter allen Grund haben, mit ihrer Situation zufrieden zu sein. Das folgt aus dem, was Alf selbst vorher schon eingeräumt hat. Und wenn Henning weiter folgert, daß die Mitarbeiter dann doch froh sein können, bei ihm – Alf – arbeiten zu dürfen, kann Alf auch dem nicht widersprechen. Andererseits liegt dieser Gedanke aber bereits außerhalb Alfs bisherigem Bezugsrahmen. Alf gibt das mit dem Satz zu erkennen: «So habe ich das noch nie gesehen.»

Genau das ist der Effekt einer gelungenen Umdeutung: eine Sache in anderem Licht zu sehen, aus einer anderen Perspektive oder eben in einem anderen Rahmen. Dieser neue Rahmen ist die vermutete Perspektive seiner Mitarbeiter.

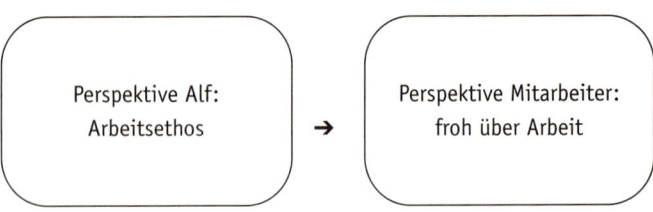

Was Henning danach noch sagt, ist für die Umdeutung selbst nicht mehr nötig. Es ist nur noch eine explizite Aufzählung von Verhaltensalternativen sowie die direkte Aufforderung: «Also tu was für deine Gesundheit!»

Dieses Reframing wirkt besonders deshalb suggestiv, weil Alf sich in einer Zwickmühle erlebt, in einer Situation mit geringer Prägnanz. Er ist hin- und hergerissen zwischen seinem Pflichtgefühl den Mitarbeitern gegenüber und seinem gesundheitlichen Interesse (bzw. dem Rat des Arztes). Die neue Perspektive, die ihm sein Schwager Henning ermöglicht, ist gewissermaßen eine Erlösung aus der Unsicherheit. Sie erscheint ihm ganz klar und somit plausibel.

Was mental bei einem Reframing geschieht, wird besonders deutlich, wenn Sie sich die folgenden Grafiken genauer ansehen. Zunächst, bevor Sie weiterlesen: Schauen Sie hin, was sehen Sie?

 Schwarze, weiße Ahornblätter, schwarze Pfeile, weiße Pfeile?

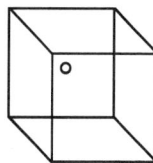 Den kleinen Kreis auf der Fläche vorne, in der Mitte oder hinten links unten?

 Entweder stellt diese Figur eine Art antiker Vase dar, eine Trinkschale. Oder es handelt sich um zwei Gesichter, die sich gegenseitig «in die Augen sehen».

Ganz gleich, welches Bild Sie gesehen haben – alle Sichtweisen sind gültig. Keines der Bilder ist «falsch».

Reframing bedeutet also nicht, etwas schönzureden, was nicht schön ist. Sondern es gilt, diejenigen Aspekte einer komplexen Situation in den Vordergrund zu holen, die uns oder dem Partner eine neue Chance eröffnen, einen anderen Lösungsweg, ein Stück **Prägnanz** schaffen. Darum sind wir für Reframing besonders dann offen, wenn wir uns in einer diffusen Situation befinden.

Besonders unter Politikern findet man viele geübte «Reframer». Manche sind Experten darin, eine Niederlage in einen Sieg umzumünzen oder einen Fehler in einen Erfolg. Wir kennen das: Am Wahlabend im Analysegespräch vor der Fernsehkamera gibt es dann nur Gewinner und keine Verlierer. Und wenn es dann doch einmal zu offensichtlich ist, daß eine Partei die Wahl verloren hat? Dann sucht man einen Bezugsrahmen, der das Wahlergebnis in ein ganz anderes Licht stellt. Sagen wir: Die CDU hat bei der Landtagswahl in Schleswig-Holstein die Wahl verloren, die Partei hat 36 Prozent der Stimmen bekommen. Der Sprecher der Partei:

> Wir sind sehr zufrieden. Gegenüber der letzten Landtagswahl haben wir 3,1 Prozentpunkte dazugewonnen.

Der Bezugsrahmen ist jetzt nicht mehr die Frage: «Regierung oder Opposition?», sondern die Relation zur vergangenen Wahl. Die Parteifreunde werden dieser Suggestion gerne folgen.

Auch in Interviews ist Reframing eine bevorzugte Strategie. Hier ein Ausschnitt aus dem «SPIEGEL»-Gespräch mit Außenminister Joschka Fischer in der Ausgabe Nr. 9 vom 1. 3. 1999:

> **Spiegel:** Sie engagieren sich für eine neue Friedenspolitik: Nicht mehr ohne Waffen, sondern mit Nato-Bombern wollen Sie Frieden schaffen, ein radikaler Wandel grüner Grundsätze.
>
> **Fischer:** Es ist doch nicht so, daß plötzlich das Heil in Bomben liegt oder in der militärischen Gewalt. Aber was passiert, wenn wir nur Resolutionen, etwa zum Kosovo, verfassen? Die Leichenberge werden dann immer höher. Da erwarte

ich, daß eine grüne Partei fragt: Was ist in dieser Situation verantwortbare Friedenspolitik?

**Spiegel:** Jedenfalls nicht mehr der Gewaltverzicht?

**Fischer:** Gewaltverzicht war niemals ein Selbstzweck. Wir wollen Gewaltverzicht, um den Menschen ein friedliches Leben in Freiheit, nicht aber, um das Morden zu ermöglichen. In der heutigen Situation müssen wir im Kosovo einen mühseligen Weg gehen und auch durch Gewaltandrohung Massenmorde und Leichenberge unschuldiger Zivilisten verhindern. Gleichzeitig aber wollen und müssen wir eine nichtmilitärische, zivile Zukunftsperspektive eröffnen.

In diesem Gesprächsausschnitt unterstellt (= suggeriert) der «SPIEGEL»-Journalist, daß die konkrete Politik des grünen Außenministers Fischer den Werten diametral widerspricht, die die Grünen früher proklamiert haben: Gewaltverzicht («Frieden schaffen ohne Waffen»). Bedeutet Fischers aktuelle Politik nun einen «radikalen Wandel grüner Grundsätze», oder handelt Fischer im Widerspruch zu seiner Partei? Der Bezugsrahmen, den der Journalist setzt, ist dieser Gegensatz:

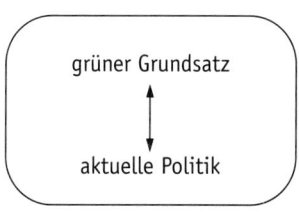

Würde Fischer dieser «Rahmung» folgen, müßte er sich rechtfertigen: entweder für den «radikalen Wandel der grünen Grundsätze» oder für seine nicht parteikonforme Politik.

Fischer reagiert mit einem geschickten Reframing. Der Gegensatz sei ein anderer:

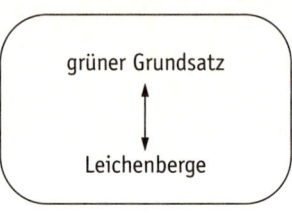

grüner Grundsatz

↑
↓

Leichenberge

In diesem neuen Rahmen wird deutlich, in welchem Konflikt der Außenminister steht. Für diesen Konflikt kann er nichts, aber er muß sich fragen: Was ist in dieser Situation verantwortbare Friedenspolitik? Und er muß sich entscheiden.

Wie wir wissen, werden Konfliktsituationen im allgemeinen als unprägnant erlebt und aktivieren den Wunsch nach Klärung, nach Prägnanz. Eine solche Klärung in dem von ihm gesetzten Rahmen versucht er im letzten Gesprächsschritt: Gewaltverzicht könne durchaus ein friedliches Leben ermöglichen. Wenn aber, wie zu dieser Zeit im Kosovo, Gewaltverzicht statt dessen «Morden ermöglicht» und die Leichenberge höher wachsen lasse, dann bleibe nur die Gewaltandrohung. Ein «mühseliger» Weg, um «eine zivile Zukunftsperspektive» zu eröffnen. In der Zukunft, suggeriert Fischer damit, würden die grünen Werte auch wieder in vollem Umfang realisiert werden können. Gegenwärtig seien sie zwar partiell außer Kraft gesetzt, behielten aber trotzdem ihre Gültigkeit.

Fazit von Fischers Reframing: Weder hätten sich die Grundsätze der Grünen gewandelt, noch betreibe der Außenminister eine nicht parteikonforme Politik.

Wir wissen nicht, ob sich Joschka Fischer bewußt ist, welche suggestive Strategie er hier verwendet.

Sehr bewußt und in voller Kenntnis ihrer Wirkung arbeiten

Psychotherapeuten mit dem Reframing. Psychischen oder körperlichen Problemen stehen wir oft reichlich hilflos gegenüber. Den entsprechenden Lebensabschnitt erleben wir als ungesichert und diffus und sind daher offen für Suggestionen, die uns Hilfe, in diesem Fall Prägnanz, versprechen. Eine gute Strategie dazu ist das Reframing.

In der Hypnotherapie zum Beispiel ist es ein gebräuchliches Reframing, dem Symptom eine positive Bedeutung zu geben. Nehmen wir an, der Patient leidet unter Migräne. Der Therapeut nimmt die Schmerzen ernst, aber er deutet sie um als eine Nachricht des Körpers, zum Beispiel als die dringende Bitte um Ruhe.

Wenn ein Therapeut ein Reframing versuchen will, braucht er Phantasie. Er muß einen neuen Bezugsrahmen finden, ihn ausgestalten, und zwar so, daß das Bild, das er findet, sich auch im Patienten entwickeln kann. Dieses Bild muß auch dessen Phantasie so stark anregen, daß er bereit ist, seinen gewohnten Bezugsrahmen zu verlassen.

Ein Kind hat Angst vor Monstern. Ein nicht sehr phantasiebegabter Therapeut wird vielleicht in mühsamer Kleinarbeit gemeinsam mit dem Kind die Erkenntnis herausarbeiten: «Monster gibt es nicht!» Das Kind wird dem nach außen hin zustimmen, aber die innere Realität des Kindes wird widersprechen. Ein kreativer Therapeut würde sich die Monster beschreiben lassen, er würde das Kind bitten, sie zu zeichnen. Und dann würden sie gemeinsam darüber phantasieren, wie man denn diese Monster kontrollieren kann: zum Beispiel durch ein Stopschild, das man ans Fenster klebt, oder durch eine Schüssel mit Wasser, in die sie reinplumpsen ... und wehe, wenn sie nicht schwimmen können. So schafft der Therapeut für das Kind einen neuen Rahmen: Das Kind bekommt die Kontrolle und damit die Macht über die Monster, von denen es sich bisher bedroht gefühlt hat.

Wir sehen an diesem Beispiel, wie eng Fremdsuggestion und Autosuggestion aufeinander bezogen sind. Ein solches Reframing gelingt nur in dem Maße, in dem der Vorschlag des Therapeuten vom Patienten autosuggestiv verarbeitet werden kann. Oft fällt es uns sehr schwer, uns aus dem gewohnten Rahmen zu lösen und etwas aus einer anderen Perspektive zu sehen.

Wenn Sie jetzt auf Seite 176 vorblättern, finden Sie hier den unmittelbaren Anschluß zum Thema Selbstsuggestion.

Übrigens: Satire erfährt ihre (komische, verblüffende) Wirkung häufig durch Reframing. Eine Kostprobe von Robert Gernhardt:

### Vom Leben

Dein Leben ist dir nur geliehn –
du sollst nicht daraus Vorteil ziehn

Du sollst es ganz dem andren weihn,
und der kannst nicht du selber sein.

Der andre, das bin ich, mein Lieber –
nu komm schon mit der Kohle rüber.

Alle Beispiele dieses Abschnitts machen eines deutlich: Reframing verlangt ein hohes Maß an Phantasie und Kreativität nicht nur bei dem, der ein Reframing versucht, sondern auch beim Partner. Der muß bereit und in der Lage sein, Dinge aus ihrer gewohnten Umgebung herauszulösen und in ganz andere Zusammenhänge zu stellen. Wir denken, daß es sich lohnt, dieser eventuell leicht verschütteten Phantasie etwas auf die Sprünge zu helfen. Deshalb hier ein paar Übungen zum Reframing.

Jeder weiß, ein Ziegelstein ist gut geeignet, um zusammen mit anderen Ziegelsteinen zu einer Mauer verbaut zu werden. Wozu kann man einen Ziegelstein noch nutzen? Hier einige Nutzungsideen für einen Ziegelstein.

Sie können ihn benutzen als Briefbeschwerer, Bücherstütze, Blumenvase (wenn er Löcher hat), Gymnastikgerät, Wurfgeschoß, Nußknacker usw. usf. Sie finden sicher noch andere.

In unserer Terminologie können wir feststellen: In unterschiedlichen Situationszusammenhängen bekommt der Ziegelstein einen jeweils anderen Rahmen. Versuchen Sie ein solches Reframing mit anderen Gegenständen des täglichen Lebens. Drei Vorschläge von uns: Buch, Hosenträger, Handschuhe.

Anders herum: Wofür kann man folgende Gegenstände verwenden?

In manchen Zeitschriften sind Suchbilder abgedruckt. Meistens ist in diesen Bildern ein kleines Tier oder ein Mensch «versteckt». Es geht beim Suchen von Tier oder Mensch darum, diese Figuren aus ihrem vorgezeichneten Rahmen zu lösen und dadurch zu erkennen. Eine schöne Übung.

Auch im folgenden Abschnitt geht es um Prägnanz.

## 2.6 Schlüsselwörter

Nils Hartmann, der Vater von Karen, ist Leiter der Fertigungsabteilung bei KAPPA Optik. Jeden Montag gibt es eine Dienstbesprechung der Abteilungsleiter unter dem Vorsitz des Geschäftsführers Herrn Heise.

An diesem Montag beginnt Herr Heise das Gespräch so:

**Heise:** Guten Morgen, meine Damen und Herren. Ich fürchte, das wird heute mehr ein Krisengespräch werden. Sie wissen vielleicht schon, daß der Auftrag des Klinikkonsortiums Bernerhöhe kaum noch zu retten ist. Durch unsere Schuld. Falsche Beratung, also falsche Vorstellungen geweckt. Das gleiche droht uns bei Faulhaber, wenn wir nicht aufpassen. Irgendwas stimmt da nicht zwischen Anspruch und Wirklichkeit. Das würde ich gern ein bißchen aufarbeiten.

**Produktmanager Sobotzik:** O.k., da ist einiges schiefgelaufen. Aber müssen wir denn gleich den Teufel an die Wand malen?

**Marketingchef Klaus:** Also, ich denke schon, daß zur Zeit einiges schiefläuft. Das Wort Krise ist sicher nicht übertrieben.

Wie mag dieses Gespräch weiterlaufen? Zunächst sind wahrscheinlich alle Beteiligten irritiert. *Krise* bedeutet Gefahr. Aber diese Gefahr ist nicht greifbar. Krisen sind Situationen ohne klare Konturen, ohne klare Prognosen, also mit sehr geringer Prägnanz. Oft entwickeln sie eine Eigendynamik, der die Betroffenen hilflos gegenüberstehen. Deshalb sind Krisen hochgradig angstbesetzt. Angst vor dem Chaos, zumindest aber vor tiefgreifenden Strukturveränderungen, in unserem Fall Einsparungen, Entlassungen ...

Diese Ängste werden mit Sicherheit auch den weiteren Verlauf des Gesprächs bestimmen. Man wird versuchen, die Schuldigen zu finden. Möglicherweise setzt in diesem Zusammenhang hektische Betriebsamkeit ein: Rechtfertigungen, Zweifel an der Stimmigkeit des gesamten Systems. Das Gespräch wird wahrscheinlich in vielen Passagen sehr emotional ablaufen.

Das Wort *Krise*, das Betriebsleiter Heise gewissermaßen als Überschrift über diese Montagssitzung setzt, stellt also die Weichen für dieses Gespräch. Es bekommt dadurch die Funktion eines **Schlüsselworts**. Es stimuliert die Bilder, die in den Köpfen der Teilnehmer entstehen, enthält also ein hohes Maß an suggestiver Kraft.

Verstärkt wird die Verunsicherung, die das Schlüsselwort *Krise* auslöst, noch durch die ziemlich abstrakte und damit diffuse Äußerung: «Irgendwas stimmt da nicht zwischen Anspruch und Wirklichkeit.» Marketingchef Klaus greift den Begriff *Krise* auf und bestätigt seine Funktion als Schlüsselwort für dieses Gespräch. Damit setzt er für die Beteiligten einen **Rahmen**, in dem sie sich so lange bewegen werden, bis irgendeiner im weiteren Verlauf die Stimmigkeit des so entstandenen Bildes anzweifelt und einen anderen Begriff, ein anderes Schlüsselwort also, plaziert und damit ein **Reframing** (s. o.) versucht. Ein Schlüsselwort ist also ein gutes Mittel, ein Reframing einzuleiten.

Herr Heise hätte die Sitzung übrigens auch so beginnen können:

**Heise:** Guten Morgen, meine Damen und Herren. Im Mittelpunkt unseres Gesprächs steht das Problem «Kundenberatung». Sie wissen vielleicht schon, daß der Auftrag des Klinikkonsortiums Bernerhöhe kaum noch zu retten ist. Durch unsere Schuld. Falsche Beratung, also falsche Vorstellungen geweckt. Das gleiche droht uns bei Faulhaber, wenn wir nicht aufpassen. Dieses Problem müssen wir lösen.

**Sobotzik:** O.k., da ist einiges schiefgelaufen. Die Schwierigkeit bei der Kundenberatung besteht meiner Meinung nach darin, daß jeder Kunde irgendwelche Sonderwünsche hat, die durch unsere Standardpalette nicht zu erfüllen sind. Oft sind wir da fachlich überfordert.

Jetzt heißt das Schlüsselwort für das folgende Gespräch *Problem*. Und wieder löst es in den Köpfen der Beteiligten Vorstellungen aus, die den Verlauf des Gesprächs bestimmen werden. *Probleme* muß man zwar ernst nehmen, aber sie sind wesentlich stärker eingegrenzt, sie können im allgemeinen klar benannt werden. Herr Sobotzik tut das.

Das macht im weiteren Verlauf des Gesprächs eine Analyse ohne persönliche Schuldzuschreibungen möglich. Und die Tatsache, daß man gemeinsam ein Problem bespricht, stellt in Aussicht, daß man auch eine Lösung findet.

Herr Sobotzik könnte mit seinem Gesprächsbeitrag sogar ein neues Schlüsselwort plaziert haben, das eventuell zu einer noch stärkeren Versachlichung des Gesprächs führt. Er spricht nicht mehr von Problemen, sondern von *Schwierigkeiten*.

Schwierigkeiten kann man klar erkennen, man ist sich ihrer bewußt, während man handelt, also – wie in unserem Beispiel – Kunden berät. Das ganze Gespräch kann darauf gerichtet sein, Strategien zu erarbeiten, wie diese Schwierigkeiten in Zukunft überwunden werden können.

Wahrscheinlich haben Sie es sofort gemerkt: Durch die Aussage von Herrn Sobotzik tritt noch ein anderer Begriff gewissermaßen an die Seite des Wortes *Schwierigkeiten*. Die nähere Bestimmung dieser Schwierigkeiten: *Sonderwünsche* der Kunden.

Er wird jetzt sehr schnell zur Leitlinie durch das Gespräch, also zum Schlüssel für die nächste, vielleicht letzte Tür zu einer Lösung.

Wir sehen: In Schlüsselwörtern manifestiert sich das Thema eines Gesprächs, mit Schlüsselwörtern definieren wir die «gemeinsame Sache», über die gesprochen werden soll. Sie bilden die Kristallisationspunkte in einem Gespräch, also das, woran sich die Partner später noch erinnern, sie strukturieren Gesprächsabläufe. Das bedeutet: Ein passendes Schlüsselwort kann für Klarheit, also für **Prägnanz** sorgen.

In Rundfunk- oder Fernsehinterviews, vor allem dann, wenn ein Experte interviewt wird, ist es oft sehr wichtig, daß der Journalist das richtige Schlüsselwort setzt, um komplexe, vielleicht auch fachspezifische Zusammenhänge zu verdeutlichen. Als Beispiel zwei Ausschnitte aus einem Interview:

**Experte:** Durch ein Cochlea-Implantat erreichen wir, daß gehörlose Kinder fast normal hören können, aber auch Erwachsene, die zum Beispiel durch einen Unfall einen plötzlichen Hörverlust erlitten haben.

**Journalistin:** Also setzen Sie den Betroffenen eine *Hörprothese* ein.

**Experte:** So könnte man das nennen ...

...

**Experte:** Neben der Früherkennung ist die richtige Förderung hörgeschädigter Kinder wichtig. Dabei sollten Ärzte, Logopäden und Sozialpädagogen wissen: Es ist wichtig, zuerst allein das Hören zu fördern und andere Sinnesorgane nicht zu stimulieren. Erfahrungen haben nämlich gezeigt, daß Kinder, die zuerst die Gebärdensprache, also mit den Augen lernen, später gehörlos bleiben. Also noch mal: Erst muß die Hör- und Sprachentwicklung optimal gefördert werden, dann können die Kinder auch die Gebärdensprache lernen.

**Journalistin:** Man könnte also sagen: *Hören lernt man durch Hören, nicht durch Sehen.*

**Experte:** So kann man das in der Tat sagen.

Das Beispiel zeigt: Oft sind es also nicht nur einzelne Wörter, die als Schlüssel dienen, sondern ein ganzer Gedanke. Er faßt das Gesagte zusammen, prägt sich ein und dient so als Hilfe fürs Nachdenken und fürs Weiterdenken.

Wir sehen: Es kann sehr nützlich sein, das richtige Schlüsselwort an der richtigen Stelle zu plazieren.

**Durch ein Schlüsselwort können schwer durchschaubare und unübersichtliche Gesprächszusammenhänge auf ein handhabbares Format gebracht werden.**

In unserem ersten Gesprächsbeispiel, also im «Krisengespräch» bei KAPPA Optik, wäre es sehr nützlich gewesen, wenn einer der Teilnehmer relativ schnell ein anderes Schlüsselwort eingeführt hätte, zum Beispiel so:

**Produktmanagerin Walter:** Herr Heise, Herr Klaus, Sie haben hier das Wort «Krise» benutzt. Ich denke, das hat das Gespräch in eine Richtung gelenkt, in der wir nicht weiterkommen. Ich würde das Ganze eher ein «Problem» nennen.

Frau Walter hat offensichtlich erkannt, wie stark der Begriff «Krise» in diesem Gespräch als Schlüsselwort wirkt, und äußert das auch. Wir sagen: Sie macht eine **Metaäußerung**. Sie betrachtet das Gespräch gewissermaßen von außen und spricht darüber. Vielleicht gelingt es ihr, den Begriff «Problem» als neues Schlüsselwort einzubringen. Das würde dem Gespräch sicher einen besseren Verlauf bringen. Allerdings: Wenn sie nur die Stimmigkeit des Begriffs explizit – also auf der Meta-Ebene – anzweifelt, kann das dazu führen, daß zunächst einmal diese Begriffsklärung zum Thema des Gesprächs wird.

Unproblematischer ist es, das neue Schlüsselwort beiläufig einzuführen, also eine indirekte Suggestion zu versuchen, wie das Herr Sobotzik in unserem zweiten Beispiel getan hat (Sie erinnern sich: Herr Heise hatte von *Problemen* gesprochen):

**Sobotzik:** O.k., da ist einiges schiefgelaufen. Die *Schwierigkeit* bei der Kundenberatung besteht meiner Meinung nach darin, daß jeder Kunde irgendwelche *Sonderwünsche* hat, die durch unsere Standardpalette nicht zu erfüllen sind. Oft sind wir da fachlich überfordert.

Eine wissenschaftliche Bestimmung der Funktion von Schlüsselwörtern bekommen wir von dem Sprachwissenschaftler Werner Notdurft (1996, S. 379). Er schreibt: «Wörter, die einen herausragenden Status für einen Redebeitrag, eine Gesprächspassage oder gar den ganzen Interaktionsverlauf erhalten, bezeichne ich als *Schlüsselwörter*.» Schlüsselwörter verfügen über ein hohes Maß an Prägnanz, «formelhafter Prägnanz», wie Notdurft sagt. Sie setzen Assoziationen frei, lassen in unseren Köpfen Bilder entstehen. **Schlüsselwörter aktivieren also das ideodynamische Prinzip.**


Herr Abel, der Mann von der Krankenversicherung, hat im letzten Rhetorikkurs für Außendienstler die Konfusionstechnik (s. o.) gelernt: Wir wissen ja, er ist sehr interessiert daran, Nils Hartmann für diese unerläßliche Krankenhaus-Zusatzversicherung zu gewinnen. In seinem Beratungsgespräch führt er seinen Kunden Nils Hartmann zunächst auf schwankenden Boden: Er malt eine unbestimmte, aber gefahrvolle Zukunft aus undurchschaubaren gesundheitsministeriellen Verordnungen und ihren unmittelbaren, unkalkulierbaren, aber schrecklichen Folgen («Fünfbettzimmer, keine freie Wahl des behandelnden Arztes. Also ich möchte dann nicht im Krankenhaus liegen …»). Irgendwann aber reicht er Nils seine «starke, helfende Hand»:

**Abel:** Die sichere Seite, Herr Hartmann, kann da nur die *Privatstation* sein. Die kann man sich bei uns kaufen. Maßgeschneidert für Sie und Ihre Familie. Für vergleichsweise wenig Geld.

«Gerettet!» Nils kann aufatmen. Er hat wieder sicheren Boden unter den Füßen: die *Privatstation*, und zwar maßgeschneidert, für wenig Geld.

Ein Beispiel für die erfolgreiche Kombination zweier suggestiver Strategien: **Konfusion** herstellen, das dringende Bedürfnis nach Prägnanz wecken. Und dann, wenn der Boden gewissermaßen bestellt ist, nachlegen mit einem **Schlüsselwort**, das die ersehnte Prägnanz suggeriert.

Sehen wir uns zum Schluß dieses Abschnitts noch ein Gespräch an, das aus unserem Buch «Konstruktiv Gespräche führen» stammt. Dieses Gespräch findet statt zwischen dem jungen Pfleger Peter Hartmann und der Oberschwester Irmgard:

**Irmgard:** Ich habe gehört, du hast dem Herrn Faber das Haloperidol nicht gegeben?

**Peter:** Das stimmt, ich habe es ihm nicht gegeben.

**Irmgard:** Das war *angeordnet*! Du weißt genau, das war *angeordnet*!

**Peter:** Stimmt. Dr. Schöne hatte das vor einer Woche *angeordnet*, weil der Patient nachts sehr unruhig war und kaum geschlafen hat.

**Irmgard:** Aber das kannst du doch nicht machen. Wenn Dr.

Schöne etwas *anordnet*, kannst du doch nicht eigenmächtig das Haloperidol absetzen!

**Peter:** Aber Dr. Schöne hat das doch gemacht, damit der Patient besser schlafen kann.

**Irmgard:** Ja und, wieso setzt du es dann ab?

**Peter:** Weil der Patient inzwischen nicht nur nachts gut schläft, sondern auch den ganzen Tag verdöst und kaum ansprechbar ist. Das war ja wohl nicht der Sinn von Schönes *Anordnung*.

**Irmgard:** Mag ja sein, aber trotzdem kannst du dich doch nicht einfach über so eine *Anordnung* hinwegsetzen.

**Peter:** Ich denke, ich habe sie so befolgt, wie sie gemeint war.

**Irmgard:** Na, das erklär ihm mal selber. Ich kann das jedenfalls nicht verantworten.

**Peter:** Natürlich habe ich das zu verantworten, und ich werde es ihm selber sagen.

**Irmgard:** Na, dann sieh mal zu.

Das Schlüsselwort dieses Gesprächs ist *Anordnung (anordnen).* Oberschwester Irmgard führt es ins Gespräch ein, Peter greift es auf. Der Begriff zieht sich wie ein roter Faden durch das Gespräch, bestimmt das Thema: das Ziel und die Wertigkeit von Anordnungen. Der Begriff wird zum Kristallisationspunkt des Gesprächs.

Er wird auch die Erinnerung prägen, die die beiden Beteiligten an dieses Gespräch haben. In späteren Gesprächen, zum Beispiel mit Herrn Dr. Schöne, wird er wieder eine Rolle spielen.

Aber in diesem Gespräch zeigen sich noch andere Funktionen von Schlüsselwörtern:

1. Sie zeigen häufig die **Einstellung** ihrer Benutzer zum Gesprächsgegenstand. Für Oberschwester Irmgard sind Medikamentenverordnungen des Stationsarztes *Anordnungen*.

Erinnern wir uns: Für Geschäftsführer Heise führen Probleme bei der Kundenberatung zu *Krisen*.

2. Schlüsselwörter lassen bei den Gesprächspartnern leicht den Eindruck entstehen, das Wort stehe nicht nur **für** eine Sache, sondern sei **die Sache selbst**.

Durch die Wahl des Schlüsselworts *Anordnung* bekommt die Tatsache, daß Peter dem Patienten das Schlafmittel nicht gegeben hat, eine besondere Brisanz. Wenn in dem Gespräch statt von *Anordnung* nur davon die Rede gewesen wäre, daß Dr. Schöne *empfohlen* habe, Herr Faber solle Haloperidol nehmen, bekäme der besprochene Ablauf eine ganz andere Bedeutung. Durch die scheinbare Stabilität der Bedeutung eines Schlüsselworts («Anordnung ist Anordnung!») wird der Anschein einer Klarheit und Unabänderlichkeit geschaffen, der die jeweiligen Situationsbedingungen mißachtet. In unserem Fall ist es inzwischen nicht mehr angemessen, Herrn Faber Haloperidol zu geben. Aber für die Oberschwester ist Anordnung eben Anordnung.

Am Schluß des Gesprächs kommt noch ein anderes Schlüsselwort ins Spiel, beinahe notgedrungen: *Verantwortung*. Das wird ebenfalls über dieses Gespräch hinaus wirksam sein in den Folgegesprächen zum Thema «Herr Faber und Haloperidol».

Der Begriff «Schlüsselwort» ist eine Metapher. Mehr über Metaphern im nächsten Abschnitt. Lassen Sie uns aber schon hier die Metapher *Schlüsselwort* beim Wort nehmen: Gespräche sind wie Gänge durch ein Haus. Mit Schlüsselwörtern schließen wir die Türen zum jeweils nächsten Raum auf. Das kann ein Ruheraum sein, ein Arbeitszimmer, aber auch eine Folterkammer. In unserem Einstiegsgespräch öffnet Geschäftsführer Heise mit dem Schlüsselwort *Krise* so eine Folterkammer. Herr Sobotzik führt mit dem Schlüsselwort *Schwierigkeiten* im zweiten Gesprächsausschnitt in ein Arbeitszimmer.

Häufig verraten uns Menschen durch die Schlüsselwörter, die sie in bestimmten Situationen verwenden, in welchen Räumen sie sich am liebsten aufhalten. Jochen Falter erinnert sich an Gespräche mit seinem Vater, die dieser meist mit der Formel einleitete: «Ich muß mal ein ernstes Wort mit dir reden.»

Die Schlüsselwörter hießen dann meistens *Leistung* oder *Pflicht* oder *Lebenskampf.* Diese Wörter hatte er sich wie Überschriften über sein eigenes Lebensskript gesetzt.

Sie prägten autosuggestiv seine Einstellungen und sein Verhalten. Den direkten Anschluß zur Selbstsuggestion finden Sie auf Seite 170.

## 2.7 Metaphern

Richten wir unseren Blick noch einmal zurück zum Reframing.

Um ein Reframing wirkungsvoll zu unterstützen, verwenden wir häufig **Metaphern.**

Sie erinnern sich: Joschka Fischer sagt in seinem Interview:

**Fischer:** Aber was passiert, wenn wir nur Resolutionen, etwa zum Kosovo, verfassen? Die *Leichenberge* werden dann immer höher.

Mit dem Wort «Leichenberge» aktiviert Fischer im Kopf des Lesers Schreckensbilder, wie sie im Fernsehen schon mehrfach zu sehen waren. Die für viele sehr undurchsichtige Situation im Kosovo gerinnt zu einem höchst prägnanten Bild, dem Leichenberg.

Diese Metapher wirkt so überzeugend, daß vermutlich sehr viele Leser des Interviews Fischer bei seinen Schußfolgerungen zustimmen dürften.

Auch **Schlüsselwörter** können zusätzlich suggestives Potential bekommen, wenn sie Metaphern sind. Während dieses Buch entstand, war eine Zeitlang Oskar Lafontaines Rücktritt von allen Ämtern in der SPD *das* politische Ereignis. Im Zentrum seiner Erklärung vor den Medien stand folgende Passage:

> Der Grund meines Rücktritts ist das schlechte *Mannschaftsspiel*, das wir in der letzten Zeit geboten haben. Ohne ein gutes *Mannschaftsspiel* kann man nicht erfolgreich arbeiten. *Mannschaftsspiel* verlangt, daß man Rücksicht aufeinander nimmt und daß man auch zueinander steht, auch in der Öffentlichkeit, und daß Teamgeist die Regierungsarbeit bestimmt. [...] Wenn die *Mannschaft* nicht mehr gut zusammenspielt, muß man eine neue *Mannschaftsaufstellung* suchen. Dazu ist mein Schritt die Voraussetzung gewesen.

Wie stark die Metapher *Mannschaftsspiel* als Schlüsselwort gewirkt hat, zeigte sich in den Reaktionen der Medien und der Politiker. Immer wieder wurde diese Metapher wiederholt und diente als zentraler Begriff der Analysen und Kommentare.

Dieses geläufige Wort aus der Sportsprache macht die Erklärung Lafontaines prägnant. Im Kopf des Zuhörers entsteht das Bild eines Sportteams. Und solche Teams können nur durch mannschaftliche Geschlossenheit, durch gelungene Kombinationen Erfolg haben. Man sieht sie förmlich die Bälle hin- und herkicken. Wenn diese Kombinationen nicht laufen, ist die ganze Mannschaft schuld. So erspart sich Lafontaine Schuldzuweisungen an einzelne Politiker. Die Metapher *Mannschaftsspiel* suggeriert eine moderne, sportliche Art des Politikmachens. Wenn das Zusammenspiel nicht funktioniert, muß eine neue Mannschaftsaufstellung her. Wir wechseln aus, und schon klappt's. Mit dieser eingängigen Metapher erreicht Lafontaine, daß viele zu verstehen glauben, was da hinter den Kulissen gelaufen ist.

Auch der Schluß dieser Erklärung ist eine metaphorische Wendung:

Ich gehöre zu dieser Partei, und eines soll sie nicht vergessen: Das *Herz wird noch nicht an der Börse gehandelt,* aber es hat einen Standort – es schlägt links.

Eine kunstvoll verpackte Spitze an die Adresse seines Kanzlers und Parteifreunds Gerhard Schröder mit seiner eher unternehmerfreundlichen Politik.

Gehen wir von diesen spektakulären Beispielen in die «Niederungen» (auch eine Metapher) unserer täglichen Gespräche. Diese Gespräche am Arbeitsplatz, in der Familie, beim Arzt und im Fußballstadion sind durchsetzt von Metaphern. Hören wir uns an, was Nils Hartmann am Abendbrottisch von seinem Arbeitstag berichtet:

**Nils:** Also der Heise hat heute wieder *Zirkus gemacht.* Da war doch diese kleine *Panne* mit der Klinik. Für ihn steht die Firma wieder mal *am Abgrund.* Bloß gut, daß der Sobotzik ihn schnell *gebremst* hat.

Metaphern sind Wörter oder Wortverbindungen, die ursprünglich in einen anderen Sinnzusammenhang gehören als den, in dem sie nun verwendet werden. Häufig ersetzt eine Metapher einen sachlichen Begriff, der üblicherweise in diesem Zusammenhang gebraucht wird. Statt: «Heise hat heute wieder *Zirkus gemacht*» hätte Nils auch sagen können: «Heise hat sich heute wieder aufgeregt» oder «Heise hat heute wieder über das Problem mit der Klinik diskutiert». Aber Nils läßt Herrn Heise *Zirkus machen.* Zirkus ist Peitschenknallen, Löwenbändiger, Hochseilakrobatik und lärmende Clowns. Zirkus ist aufregend, vor allem laut.

Diesen Lärm und diese Aufregung verbreitet Heise deshalb, weil die Firma in seiner Vorstellung – meint jedenfalls Nils – am

*Abgrund,* also vor dem Absturz in eine tiefe Schlucht steht. Dabei geht es doch nur um einen kleine *Panne,* also einen winzigen Fehler in der Maschinerie, ein winziges Loch im Fahrradschlauch.

Nils malt mit seinem Bericht kleine Bilder, weckt Assoziationen. Jedes Bildchen steht zwar für sich. Aber durch deren Zusammenspiel wird die Situation prägnant, lebendig und nacherlebbar. Seine Frau Bettina kann Heise förmlich vor sich sehen als Raubtierdompteur und den Trommelwirbel hören vor dem Salto mortale. Und sie hört auch geradezu die Reifen quietschen, als Herr Sobotzik sagt: «Halt, stopp, Herr Heise!!»

**Die Funktion einer Metapher: Sie macht eine Situation konkret erfahrbar, macht sie prägnant.** Auch wenn diese Situation selbst diffus ist. *Am Abgrund stehen:* ein prägnantes Bild von einer diffusen Situation.

Und das macht die **suggestive Wirkung** von Metaphern aus. Eine Metapher aktiviert das **ideodynamische Prinzip.** Das Bild, das ein Sprecher mit seiner Metapher malt, steht im Kopf des Partners für die Wirklichkeit, es wird zum Faktum. Herr Heise *ist* der Dompteur oder der Zirkusdirektor, er *steht* am Abgrund und blickt in die Tiefe. Dabei *ist* das Problem mit den Kunden nur eine kleine Reifenpanne. Flicken drauf und o. k.

Vor allem die Werbung hofft auf die suggestive Wirkung von Metaphern:

### Wir geben Ihrer Zukunft ein Zuhause

Zukunft wird von den meisten als ziemlich diffus erlebt. Aber ein Dach und vier Wände, eben ein *Zuhause,* suggerieren Sicherheit und Geborgenheit, in unserer Terminologie: Prägnanz.

### Wir machen den Weg frei

Das, was wir tun oder zu tun beabsichtigen, wird gerne durch die Metapher *unser Weg* beschrieben: unser Weg zum Abitur, zum neuen Haus, zum sicheren Job. Auf diesem Weg gibt es Hindernisse: Straßensperren, Erdrutsche. Der Slogan suggeriert: Mit uns kannst du sicher jeden Weg gehen: zum neuen Auto, zum eigenen Haus. Er bedient das Bedürfnis nach Prägnanz.

Ist Ihnen eigentlich aufgefallen, daß die Fernsehwerbung in zunehmendem Maße Geschichten erzählt? Hier ist eine, die viele von Ihnen kennen dürften:

Filmstar Till Schweiger rast mit seinem Renault Clio durch die Stadt und ... in eine Polizeikontrolle. Er zeigt bedeutungsvoll auf den gewölbten Bauch seiner Beifahrerin: «Ein Notfall.» Die Polizei reagiert prompt. Eskortiert den Notfall mit Blaulicht in rasender Fahrt zur Klinik. Das Personal dort ist schon alarmiert. Vor der Klinik steigt die «Schwangere» mühsam aus. Aus ihrem Kleid ploppt ein Fußball auf den Bürgersteig. Till Schweiger locker zur verblüfften Polizistin: «Hauptsache gesund, oder?» In diesem Moment der Verwirrung startet er seinen Clio und braust mit quietschenden Reifen davon.

Die ganze Story steht für die Werbebotschaft: «Der Renault Clio ist flott, etwas für Leute mit Phantasie und Humor.»

Für viele Psychologen umfaßt der Begriff «Metapher» auch Geschichten und Anekdoten. Aus dem Blickwinkel der suggestiven Wirkungen zu Recht. Geschichten können wir noch leichter auf unsere eigenen Situationen übertragen als einzelne Wörter oder Wortverbindungen. Wir können uns mit den handelnden Personen identifizieren, sie handeln gewissermaßen stellvertretend für uns. Till Schweigers Idee mit dem Fußball ist eben eine spritzige Idee. Geht natürlich nur mit einem spritzigen Wagen.

Wenn Alf einen Kunden für eine Idee gewinnen will, erzählt er auch gerne eine Geschichte:

Da muß ich Ihnen mal die Story von der Baufirma erzählen, die wir beraten. Denen hatten wir auch vorgeschlagen, eine Firmenzeitschrift zu machen, nicht für die Mitarbeiter, sondern vor allem für die Kunden. «Nee», ham die gesagt. «Interessiert doch keinen!»

Alfs Pointe ist natürlich, daß diese Zeitschrift voll eingeschlagen hat.

Erzählungen können unmittelbar die ganze Skala von Gefühlen aktivieren: Glück, Heiterkeit, Neugierde, Mitleid, Trauer, Angst, Haß.

Klaus Pawlowskis Mutter erzählte regelmäßig zu Beginn des Winters die schreckliche Geschichte von dem Jungen, den sie im letzten Moment aus dem eisigen Wasser ziehen konnte, indem sie sich, auf einem Brett liegend, an das Loch im Eis herangeschoben hatte. Und regelmäßig überliefen Klaus kalte Schauer von Angst, und er stand noch lange zögernd am Rand des Sees, wenn seine Freunde schon auf der Eisfläche herumtobten.

Geschichten kann man nicht widersprechen. Sie wirken in hohem Maße suggestiv. Allerdings nur dann, wenn Sie den anderen da abholen, wo er sich gerade befindet. Das heißt: Sie müssen ihn unmittelbar betreffen, und sie müssen in sein Lebenskonzept passen. Sonst blockt er sie eventuell ab, entwickelt Widerstände,

- weil schon das Thema angst macht: «Solche Storys kann ich überhaupt nicht vertragen»;
- weil sie ihn langweilen: «Die Klatschgeschichten deiner Freundin Marianne interessieren mich nicht die Bohne»;
- weil er sie als Strategie erkennt: «Daß Sie mir diese Story jetzt erzählen müssen, ist klar.»

Die Frage nach der Angemessenheit, besser vielleicht «Verträglichkeit», kann man auch bei Metaphern im eigentlichen Sinne stellen, also bei einzelnen Begriffen oder Begriffsverbindungen.

Deborah Tannen überschreibt ein Kapitel ihres Buches «Job-Talk» (1995): «Warum kann eine Frau nicht mehr wie ein Mann sein?» Ein Grund dafür liegt ihrer Meinung nach in der Unvereinbarkeit der Metaphorik. Die Sprache der Männer – sagt Tannen – «basiert häufig auf Metaphern aus dem sportlichen oder militärischen Bereich, auf Begriffen, die für viele Frauen nur idiomatische Ausdrücke sind, keine wirklichen Bezugsrahmen auf Welten, die sie selbst bewohnen oder besonders eifrig beobachtet haben» (1995, S. 125).

Solche Metaphern aus der Militärsprache sind: *Stellung beziehen, Stellung halten, die Bombe platzen lassen, in die Schußlinie geraten, an vorderster Front stehen, attackieren.*

Begriffe aus dem Sport: *am Ball bleiben, den Ball ins Rollen bringen, den Heimvorteil nutzen, ins Abseits stellen, ein Eigentor schießen, ein Foul begehen, den K.o. verpassen, einen Tiefschlag landen.*

Wenn Frauen in der Männerwelt ihre Frau stehen müssen, haben sie sich vielleicht schon an die Begriffe gewöhnt, sie wissen, was sie bedeuten, und müssen sich nicht dauernd fragen: «Was meint er damit?» Aber sie lassen in ihnen keine Bilder entstehen, aktivieren nicht das ideodynamische Prinzip, haben also kaum suggestive Wirkung. Jedenfalls nicht im Sinne «des Erfinders». Kriegerische Metaphern wecken oder stärken nicht unbedingt ihren Tatendrang. Vielleicht wirken sie sogar – wie man so schön sagt – «kontraproduktiv», erzeugen **Abgrenzungsbedürfnisse**, den Drang, die geplante Sache ganz anders, vielleicht weniger rücksichtslos anzugehen.

Wir hatten es bei den Schlüsselwörtern schon angedeutet: Menschen definieren ihr Lebenskonzept nicht selten dadurch, daß sie in Gesprächen Metaphern aus einem bestimmten Bereich bevorzugen. Hören Sie einmal genau hin: In Ihrem Bekannten- oder Freundeskreis ist bestimmt jemand, der gerne Metaphern aus dem Bereich des Kampfes verwendet, der ständig *sich zur Wehr setzen, sein Recht verteidigen, angreifen, gewinnen* muß.

Fazit:

1. Metaphern entfalten ihre suggestive Wirkung nur dann, wenn sie im Partner die entsprechenden Bilder entstehen lassen, wenn diese Bilder für ihn «passen».

2. Mit Metaphern malen wir uns selbst Bilder, die unsere Empfindungen und Handlungen prägen. Metaphern haben autosuggestive Wirkung.

Hier ein kleiner Vorgriff auf unseren entsprechenden Abschnitt in Kapitel 3 (ab S. 172): Wie erleben Sie eigentlich eine Diskussion? Als *Schlagabtausch* oder als *gemeinsame Suche nach einem gangbaren Weg?* Wahrscheinlich mal so, mal so. Wenn Sie sich Ihr nächstes Gespräch als *Schlagabtausch* vorstellen, werden Sie sich sicher anders verhalten, als wenn Sie *die Suche nach einem gangbaren Weg* erwarten. Stellen Sie sich vor Ihrem nächsten Streitgespräch, vielleicht über die Extravaganzen Ihrer Tochter, doch mal vor, es ginge um die Suche nach einem *Weg.*

Es gibt offensichtlich Erfahrungsbereiche, die wir uns nur über Metaphern erschließen können. Versuchen Sie ein passendes, nicht-metaphorisches Wort zu finden für die *dunkle* Stimme einer bezaubernden Frau! Sagen Sie aber bitte nicht *tief,* denn auch das ist eine Metapher. Fast alle Beschreibungen von Stimmqualitäten sind metaphorisch: Man spricht von *volltönenden* oder *dünnen* Stimmen, von *hellen,* von *gepreßten* oder *knarrenden.*

Neue Technologien werden häufig von Anfang an über Metaphern erfahrbar gemacht: Denken Sie an das *Raumschiff,* die *Datenautobahn,* das globale *Datennetz,* in dem Sie wahlweise *kreuzen* oder *surfen* können.

Der Linguist Lakoff zeigt in seinem Buch «Leben in Metaphern», daß wir einen großen Teil unserer Orientierungen über Metaphern gewinnen. Zum Beispiel durch die metaphorische Verwendung des Begriffspaares *oben* und *unten*.

Für uns ist es ganz selbstverständlich:

Glücklich sein ist oben. – Traurig sein ist unten.

Ich bin gut *drauf*. Zur Zeit bin ich *down*.

Meine Stimmung *steigt*. Meine Stimmung *sinkt*.

Wach sein ist oben. – Schlafen ist unten.

Steh *auf*. Wach *auf*.

Er *fiel* in den Schlaf.

Sie können leicht Beispielsätze für folgende physische oder soziale Erfahrungen finden:

Macht ausüben ist oben. – Macht ausgesetzt sein ist unten.

Gesund sein ist oben. – Krank sein ist unten.

Leben ist oben. – Tod ist unten.

Gut ist oben. – Schlecht ist unten.

Tugend ist oben. – Laster ist unten.

Die räumlichen Vorstellungen von *oben* und *unten* dienen uns also dazu, bestimmte Konzepte unseres Lebens zu erfassen und zu begreifen. Und das – so scheint es – in einem übergeordneten System: Alles, was wir – im allgemeinen – als positiv erleben, erleben wir als oben, alles, was wir als eher negativ erleben, ist für uns unten. Gewiß, *wach sein* und *schlafen* passen nicht ganz in dieses System. Hier liegt die Wurzel mehr in der physischen Erfahrung: wach sein = aufrecht, schlafen = liegen.

Dennoch, wir verwenden die Begriffe *oben* und *unten* als Metaphern zur Beschreibung bestimmter Zustände unseres Lebens, die eigentlich gar nichts Räumliches haben. Vielleicht kommt das daher, daß wir Räume relativ leicht visuell und kinästhetisch erfahren und auch beschreiben können. Zeit ist dagegen weniger leicht faßbar. Deshalb erleben wir auch die Zeit meist räumlich: Etwas Vergangenes liegt *hinter mir*, etwas Zukünftiges *vor mir*.

Digitaluhren waren für eine gewisse Zeit ein Renner. Inzwischen sind viele reumütig zu den alten Analoguhren zurückgekehrt. Wir sind es eben gewohnt, daß die Zeit im Raum durch die Bewegung der Zeiger auf dem Zifferblatt fortschreitet.

## 2.8 Auswahl und Reihenfolge

Wir haben es gesehen: Das richtige Schlüsselwort oder die passende Metapher kann – gut plaziert – suggestive Wirkung entfalten.

Es ist niemals gleichgültig, welches Wort oder welche Aussage ich auswähle aus der Fülle möglicher Wörter und Aussagen zu einem bestimmten Sachverhalt. «Kamerad», «Freund», «Kumpel», «Spezi», «Kumpan», «Komplize», «Liebhaber», all diese Wörter beschreiben eine engere Beziehung. Aber alle wecken unterschiedliche Assoziationen, oder in unserer Terminologie: vermitteln uns unterschiedliche Bilder, können also unterschiedliche Beziehungen suggerieren, unterschiedliche Dynamik in uns auslösen.

Eine suggestive Wirkung kann ich auch dadurch erreichen, daß ich Äußerungen oder Handlungen in eine bestimmte **Reihenfolge** bringe. Im Mai 1999 sagte Bundestagspräsident Wolfgang Thierse in seiner Rede zur Wahl des Bundespräsidenten sinngemäß:

Der Bundespräsident oder die Bundespräsidentin, die wir wählen, hat in dieser Republik ein herausragendes Amt. Er oder sie ...

Die Reihenfolge «Präsident – Präsidentin» kann zufällig sein, aber sie könnte suggerieren, daß ein männliches Staatsoberhaupt das Normale sei. Wortwahl und Reihenfolge, ein weites Feld suggestiver Möglichkeiten deutet sich hier an. Aber wir wollen es Ihrer Phantasie überlassen, dieses Feld selbst zu erkunden. Das könnte eine spannende Expedition werden.

## 2.9 Sprechausdruck und Körpersprache

Bei entsprechenden Gelegenheiten pflegte Bettinas Mutter zu sagen: «Der lügt.» Und auf die Frage: «Wie kommst du denn darauf?» antwortete sie: «Der kann mir nicht in die Augen schauen.» Oder: «Der Mann hat ein falsches Lächeln.» Oder: «Der hat was zu sagen. Der spricht so bedeutsam.» Es ist hier nicht wichtig, ob Sie wissen, was für Bettinas Mutter «bedeutsames Sprechen» ist. Dieses Beispiel soll Ihnen nur bewußt machen, daß es nicht nur die Sprache ist, aus der wir entnehmen, was der andere denkt, empfindet oder uns sagen will.

Im Gegenteil: Sozialpsychologen behaupten, daß die entscheidenden Informationen über die emotionale Gestimmtheit unseres Partners, seine Einstellungen und Persönlichkeitseigenschaften, aber auch seine Täuschungsabsichten durch sein **nonverbales Verhalten** vermittelt werden. Als «nonverbal» bezeichnen wir all das, was unsere sprachlichen Äußerungen begleitet: die Gestik, die Mimik, die Stimme, die Betonungen, das Sprechtempo. Wenn wir genau hinschauen, müssen wir sagen: Die nonverbalen Verhaltensweisen geben unseren sprachlichen Äußerungen erst ihren eigentlichen Sinn in der Kommunikation.

Drei kleine Beispiele als Beleg:

1. Nehmen wir das Sprichwort «Heute so, morgen so».
   Betonen Sie bitte jeweils das *so*, also: Heute **so**, morgen **so**.
   Wenn Sie sich auf einen so bezeichneten Menschen verlassen, sind Sie selber schuld.
   Betonen Sie jetzt *heute* und *morgen*: **Heute** so, **morgen** so.
   Das klingt doch ganz verläßlich, oder?
   Nur durch die Akzentveränderung entsteht ein anderer Sinn.
2. Jemand fragt Sie: «Wie findest du diese Idee?», und Sie antworten: «Na, großartig!» Probieren Sie es aus: Sie können diesen Satz so sprechen, daß der andere hört, daß Sie begeistert sind, aber auch so, daß er ganz klar merkt: total bekloppt diese Idee, eine Zumutung.
3. Sie wollen direkt äußern, was Sie von dieser Idee halten: «Eine Zumutung ist das!» Hauen Sie beim Sprechen mal mit der Faust auf den Tisch. Das ist eine eindeutige, prägnante Botschaft, oder?
   Und nun versuchen Sie es anders: Sacken Sie leicht in sich zusammen, schlagen Sie die Augen nieder, sprechen Sie mit leiser Stimme: «Eine Zumutung ist das.» Der andere bekommt auch eine gut verständliche, aber andere Botschaft, die ihm eher Resignation vermittelt.

Wer mehr über diese Zusammenhänge wissen will, sollte dies in unserem Buch «Konstruktiv Gespräche führen» (rororo Sachbuch 60 396) auf den Seiten 114–128 nachlesen.

Aber schon diese drei Beispiele zeigen: Es gibt offenbar eine «Semantik der Körpersprache und des Sprechausdrucks». Das heißt: Es existiert ein hohes Maß an Übereinstimmung bei der Interpretation nonverbaler Verhaltensweisen. Wenn das aber so ist, dann müssen diese nonverbalen Mittel auch suggestives Potential enthalten. Anders ausgedrückt: Sie müssen eine große Bedeutung haben als Mittel der Verschleierung.

Was halten Sie eigentlich von der Bewertungsnorm der Mutter Bettinas: «Wenn einer lügt, vermeidet er, mich anzusehen.»

Wenn Sie diese Ansicht teilen, hätte es ein Betrüger leicht bei Ihnen: Er müßte Ihnen bei seinen herrlichen Lügen nur fest in die Augen schauen und könnte Ihnen so ganz locker suggerieren, daß er der vertrauenswürdigste Mensch der Welt ist.

Die Sozialpsychologen DePaulo, Zuckerman und Rosenthal haben 1980 die Ergebnisse einer Untersuchung zur Beziehung zwischen Lügen oder Täuschen und nonverbalen Verhaltensweisen veröffentlicht:

Täuscher oder Lügner
- brauchen lange Zeit, bevor sie auf eine Frage antworten,
- geben dann sehr kurze Antworten,
- kratzen sich häufig oder machen andere nervöse Gesten,
- versprechen sich häufig,
- lächeln häufig,
- ändern oft ihre Körperhaltung.

Zwar haben andere Untersuchungen (z. B. Kraut 1978) gezeigt, daß es keine reale Beziehung zwischen diesen Anzeichen und dem tatsächlichen Verhalten gibt. Einfach ausgedrückt: Wer lügt, muß sich nicht unbedingt kratzen. Oder umgekehrt: Nicht jeder, der sich kratzt, lügt. Aber wenn ein solcher Anzeichenkatalog in unseren Köpfen einen normativen Wert hat, kann man daraus folgern: Jemand, der beim Lügen all das vermeidet, will uns suggerieren, daß er die Wahrheit sagt.

Wußten Sie eigentlich, daß Brillen suggerieren, der Träger sei intelligent (Argyle und McHenry 1971)? Das gleiche gilt für Stirnglatzen (Wogalter und Hosie 1991). Und wenn zu der hohen Stirn noch eine weite Spalte der Augenlider hinzukommt, suggeriert das einen besonders hohen IQ (Kiener und Ahrens 1973).

Allerdings sind diese Interpretations- und Bewertungsmuster nicht zu festen Normen geronnen. Wir können hier also keine klaren Wirkungsprognosen geben: Mit der nonverbalen Verhaltensweise X suggeriere ich meinem Partner die Vorstellung Y.

Das mag manchen enttäuschen, denn unser Sprechausdruck, vor allem aber unsere Körpersprache, birgt sehr viel Unbestimmtheit, wir können in unserer Terminologie sagen: «Diffusion». Wir wissen: Wir senden auf diese Weise Signale, die wir kaum bewußt kontrollieren können, die oft dem widersprechen, was wir sagen, die aber immer etwas über uns sagen, ohne daß wir genau wissen, was. Da möchten wir doch wenigstens ungefähr wissen, wie etwas im allgemeinen auf andere wirkt.

Nun, ein paar gesicherte Aussagen sind möglich:

## Sprechausdruck

Der **Klang unserer Stimme** kann suggestive Wirkung haben:

Tiefe Stimmen wirken beruhigend. Ein voller Stimmklang wirkt fundiert, kompetent (suggeriert Prägnanz), weckt Vertrauen (bedient das Zugehörigkeitsbedürfnis). Eine sehr hohe, eventuell sogar schrille Frauenstimme suggeriert Kindlichkeit, Inkompetenz (Diffusion). Es gibt Rechtsanwälte, die bewußt versuchen, ihre Stimme während der Zeugenbefragung oder während des Plädoyers zu drücken.

Vor allem am Telefon ist die Stimme ein entscheidendes Wirkungsmittel: Für die Kundenberatung und Akquisition über Telefon werden die Sprecherinnen und Sprecher sehr bewußt nach der Qualität ihrer Stimmen ausgewählt: Nicht nur volltönende Stimmen sind dabei gefragt, sondern auch leicht verhauchte Frauenstimmen. Sie suggerieren dem Mann «am anderen Ende der Leitung» offensichtlich das Bild einer attraktiven Frau, simulieren eine eher private, intime Situation.

Auch die **Art zu sprechen** enthält suggestives Potential: Schnelles, gut artikuliertes Sprechen suggeriert Glaubwürdigkeit und Vertrauenswürdigkeit (Miller u. a. 1976). Starke Akzentuierung (Betonung) vermittelt dem Zuhörer, daß die Botschaft sehr wichtig und gewichtig ist.

Wir behaupten: Unter Psychotherapeuten ist ein typischer Sprechduktus oder Tonfall weit verbreitet, den jeder unserer Leserinnen und Leser leicht imitieren kann, nicht nur deshalb, weil er so oft karikiert wird.

Einige Merkmale: Psychotherapeuten «im Dienst» sprechen relativ langsam, eher leise, haben nur geringe dynamische Akzente (Hervorhebungen einzelner Wörter und Silben durch größere Lautstärke), sie machen oft eine kurze Pause vor dem Wort, das sie besonders hervorheben wollen, weil es eventuell ein Schlüsselwort ist:

Sie meinen also, das sei eine | Krise.

Suggestive Wirkung: der Eindruck von Gelassenheit und Kompetenz (Prägnanz).

Der Vater der modernen Hypnotherapie, Milton Erickson, hat als suggestives Mittel sogenannte nonverbale Markierungen in sein Sprechen eingebaut: In einem ziemlich gleichförmigen Fluß der Sprechmelodie akzentuierte er bestimmte Wörter oder Satzteile, von denen er sich eine besondere Wirkung versprach, durch eine Veränderung seines Stimmklangs.

Aber es gibt nicht nur eine typische «Therapeuten-Sprechweise». Therapeuten – aber nicht nur die – bevorzugen auch eine bestimmte Sitzhaltung. Das Foto auf der nächsten Seite zeigt: So sitzt Hans Riebensahm seinem Klienten gegenüber, in der Hoffnung, daß der sich genauso entspannt (siehe «Spiegeln», S. 58):

Ein Bild der Gelassenheit, Kompetenz und Souveränität, nicht wahr?

**Körpersprache**

Die Sitzhaltung ist ein Teil unserer Körpersprache, also der Signale, die wir aussenden durch die Haltung und Bewegung unseres Körpers, unserer Arme und Hände und durch unsere Mimik. Wir senden sie meistens unbewußt, und sie werden von unserem Partner oft genauso unbewußt aufgenommen. Natürlich können wir sie auch bewußt als suggestive Strategien einsetzen. Und es gibt nicht wenige Menschen, die sehr bewußt unsere körpersprachlichen Signale registrieren und daraus ihre Schlüsse ziehen. Daher ja auch die oben erwähnte Angst, den Partner durch unser Verhalten zu Schlüssen zu veranlassen, die möglicherweise ganz falsch sind. Der Psychologe Anton Stangl (1977) warnt denn auch davor, aus den Merkmalen der Körpersprache eine Charakterologie abzuleiten, die dann dazu führt, daß Bettinas Mutter aus dem fehlenden Blickkontakt darauf schließt, daß der Mensch, der mit ihr spricht, verlogen sein muß. Vielleicht ist ihm dieses eine Gespräch nur unangenehm, oder er fühlt sich von den Augen seines Partners geradezu durchbohrt.

Dennoch: Die Körpersprache kann uns Botschaften über die augenblickliche Befindlichkeit des anderen vermitteln, Botschaften, die wir zum größten Teil als Bilder in uns aufnehmen und die unbewußt unsere Empfindungen und Handlungen beeinflussen, die also suggestiv wirken. Das ist in unserem Zusammenhang vor allem dann interessant, wenn das, was unser Partner sagt, dem widerspricht, was seine Körpersprache uns vermittelt. Wenn jemand nur auf der Stuhlkante vor uns sitzt, mit gespanntem Körper, die Füße so gestellt, daß er sofort jederzeit aufstehen könnte, und sagt: «Nein, nein, ich habe Zeit», werden wir mit großer Wahrscheinlichkeit – vielleicht ohne es zu merken – schneller sprechen, denn seine Körperhaltung vermittelt uns das Bild von einem, der es sehr eilig hat.

Wie gesagt: *mit großer Wahrscheinlichkeit,* denn die Wirkung körpersprachlicher Signale ist keineswegs zwingend. *Ob* sie uns etwas suggerieren, und *welches* Bild des Partners sie uns vermitteln, ist abhängig von den Bedingungen der Situation, vor allem von der Beziehung zwischen uns und unserem Partner.

Sehen wir uns also die folgenden Hinweise zur möglichen Wirkung körpersprachlicher Signale durch diesen Filter an. Grundlage des Folgenden ist Anton Stangls Buch «Die Sprache des Körpers». Beginnen wir mit der **Körperhaltung:**

Wenn jemand mit nach vorn gefallenen **Schultern** vor uns steht, könnte er uns vermitteln (wollen), daß er sich schwach und unterlegen fühlt, daß er vor der gestellten Aufgabe resigniert. Wenn er seine Schultern im Gespräch mit uns zurücknimmt oder nach hinten drückt, möchte er uns eventuell Kraft, Selbstbewußtsein, auch Aktivität und Unternehmungsgeist suggerieren, nicht selten wirkt das aber auch als Selbstüberschätzung, zumal dann, wenn der Kontext und seine realen Handlungsmöglichkeiten dieser Haltung widersprechen.

An welche Situation denken Sie, wenn Sie die Dame auf unserem Foto auf der nächsten Seite sehen?

Wenn uns jemand dagegen mit betont erhobener, fast schon überhöhter **Kopfhaltung** begegnet, kann er dadurch kritische Distanz und Wachsamkeit gegenüber dem vermitteln, was wir ihm erzählen, aber auch persönliche Distanz und Unnahbarkeit. Eventuell werten wir es aber auch als Überheblichkeit oder «Hochnäsigkeit». Sie merken auch hier: Die suggestive Wirkung hängt von der Situation ab, vor allem davon, wie man «zueinander steht».

Auch die Haltung unserer **Beine und Füße** vermittelt Botschaften, zum Beispiel die Art, wie wir dasitzen.

Die «geschlossene Sitzhaltung» (Foto rechts) suggeriert eventuell Ängstlichkeit, hilflose Untertänigkeit, Dienstbeflissenheit, Mangel an innerer Selbständigkeit, Kontaktscheu, wenigstens in dieser konkreten Situation.

Wenn dagegen jemand seine Sitzhaltung gemütlich «öffnet», vermittelt er uns möglicherweise Bequemlichkeit und Unbekümmertheit, aber unter Umständen auch Mangel an Achtung oder an Disziplin. Das hängt wohl davon ab, was wir in dieser Situation von dieser Person erwarten. Entsprechend werden wir reagieren.

Wenn sich unser Partner breitbeinig vor uns aufbaut, kann das «breitspurig» wirken, suggeriert uns das Bedürfnis nach

Selbstbehauptung, übersteigerte Selbstschätzung, aber auch das Gefühl, daß er sich bedroht fühlt, sicheren Stand gewinnen will.

Auch die **Art der Körperbewegungen** kann uns Botschaften vermitteln, die uns in unseren Reaktionen beeinflussen.

Sehr schnelle, hastige Bewegungen wirken aufgeregt, unstet, nervös, diffus. Wir möchten dem Betreffenden die Hand auf die Schulter legen und sagen: «Ganz ruhig!»

Demonstrativ gelassene Bewegungen lassen den Partner überlegen erscheinen, veranlassen uns eventuell dazu, uns selbst «klein zu machen», es sei denn, wir erkennen an dem, was er sagt, daß er diese Überlegenheit nur spielt.

Betont große und langsame

Schritte können wir als Zeichen dafür wahrnehmen, daß uns der so Schreitende die Stärke und Bedeutung seiner Persönlichkeit demonstrieren möchte. Sie entspringen oft dem Wunsch, sich selbst darzustellen.

Und die beiden auf unserem Foto auf der nächsten Seite oben?

Was könnte sie in diesem Moment sagen? Und wie wird er reagieren? Oder was sagt er gerade? Und wie verhält sie sich darauf?

Für die **Gesten** sind unsere Arme, unsere Hände und Finger zuständig. Was vermittelt Ihnen die Person auf dem Foto links unten?

Wenn wir uns dagegen jemandem mit «unverbarrikadiertem» Oberkörper zuwenden, die Hände locker auf den Schenkeln, uns vielleicht noch entspannt zurücklehnen, zeigen wir ihm, daß wir offen sind für ihn und für das, was er uns sagen will, wir vermitteln Zugehörigkeit. Eine Veränderung dieser Haltung – vielleicht schlagen wir die Beine übereinander und drehen uns ein wenig von ihm weg – wird ihn verunsichern und ihm suggerieren, daß wir dem Gespräch eine andere Wendung geben wollen. Sie sehen: Oft sind körpersprachliche Signale Kombinationen mehrerer Merkmale, wie hier der Körperhaltung und der Gestik.

Und wenn Ihr Partner Ihnen so gegenübersitzt, wie der Herr rechts?

Ein kleiner Chef, nicht wahr? Hoffentlich sitzen Sie ihm nicht jetzt mit nach vorne hängenden Schultern gegenüber. Dann wäre sein Suggestionsversuch gelungen. Es ist also durchaus möglich, ganz bewußt bestimmte Haltungen einzunehmen in der Hoffnung, bestimmte Reaktionen auszulösen.

Wer im Gespräch eine oder beide **Hände** in die Tasche steckt, könnte seine Verlegenheit oder Unsicherheit verbergen oder sich als besonders leger und wenig förmlich darstellen wollen. Diese Geste wird in den USA geradezu anerzogen, um Zugehörigkeit zu suggerieren.

Ein Mittel, mit dem wir Kontakt herstellen, ist der **Händedruck**. Wenn wir jemandem die Hand geben und die seine fühlt sich dabei an wie ein warmes Kotelett, vermittelt er uns damit nicht gerade Selbstbewußtsein und Willensstärke. Aber es gibt auch Menschen, die drücken unsere Hand so fest, als wollten sie von uns Besitz ergreifen, und sie lassen sie auch nicht los. Wir müssen uns mit einem leichten Ruck befreien. So einer weiß, was er will. Was der einmal in den Fingern hat, das hat er. Entsprechend vorsichtig sollten wir reagieren, auch wenn er uns mit seinen Worten «sanft umschmeichelt». Die Sache ist nicht so prägnant, wie sie scheint.

Angenehm ist ein Händedruck, der zwar fest, aber dabei irgendwie anschmiegsam ist, der sich unserer Hand gewissermaßen anpaßt. Das wirkt sicher und anpassungsfähig und vertrauenerweckend. Entsprechend vertrauensvoll könnten wir reagieren.

Sehen wir uns noch die **Finger** an: Wenn sich Ihr Partner mit einer leicht wischenden Bewegung über die Stirn streicht, und zwar sehr langsam und bedächtig, suggeriert das Nachdenken, konzentriertes Überlegen, verunsichert uns vielleicht oder gibt uns das Gefühl, daß er sich intensiv mit dem beschäftigt, was wir gerade gesagt haben.

Wenn er seine Augen oder Ohren reibt, kann das ein Zeichen

dafür sein, daß er verlegen ist, daß er sich unbehaglich fühlt, vielleicht weil er gerade eine ungeschickte Äußerung gemacht hat. Vielleicht sucht er auch nach einer Ausflucht.

Und was vermittelt Ihnen die Person rechts?

Wie könnten Sie im Gespräch darauf reagieren?

Wir erkennen hier wieder, daß körpersprachliche Signale häufig aus einer Kombination von Merkmalen bestehen. Wenn die Person auf dem Foto während dieser Geste ihre Augen weit öffnet und in eine unbestimmte Ferne schaut, könnte das tiefe Nachdenklichkeit suggerieren. Stellen Sie sich vor, wie es wirken könnte, wenn die Person jetzt ihren Blick auf einen ganz nahen Punkt richten, dabei die Augen etwas zusammenziehen und sich auf ihrer Stirn eine Konzentrationsfalte bilden würde. Sie können es ja selbst mal probieren. Da denkt jemand kritisch nach, aber dieses Nachdenken wird gleich beendet sein und einer tatkräftigen Aktivität Platz machen. Also Vorsicht!

Wir haben es eben schon angedeutet: Es ist nicht egal, wohin jemand seinen Blick richtet. Bettinas Mutter beurteilt Menschen danach, ob sie ihr im Gespräch in die Augen sehen. Wir wollen hier zumindest feststellen, daß der **Blickkontakt**, den wir zu anderen aufnehmen, ein ganz wichtiges Kontaktmittel ist. Wer uns sein Gesicht voll zuwendet und uns dabei in die Augen blickt, suggeriert uns sein Interesse, seine Anerkennung, vermittelt uns Offenheit. Wenn er es aber zu lange, gewissermaßen unausweichlich tut, kann das recht unangenehm werden. Wir haben das Gefühl, der andere dringt in uns ein, wir haben den unausweichlichen Impuls, uns zurückzuziehen, er aktiviert unser Abgrenzungsbedürfnis.

Es gibt auch Menschen, die sehen durch uns hindurch. Das vermittelt uns Nichtachtung, macht uns unsicher, eventuell sogar aggressiv.

Übrigens ist die emotionale Bedeutung des Blickkontakts nicht in allen Kulturen gleich. Angehörige des afrikanischen Ibo-Volkes finden es geradezu unhöflich, wenn sie im Gespräch jemandem in die Augen schauen. Das Vermeiden des Blickkontakts ist für sie ein Ausdruck der Höflichkeit und des Respekts.

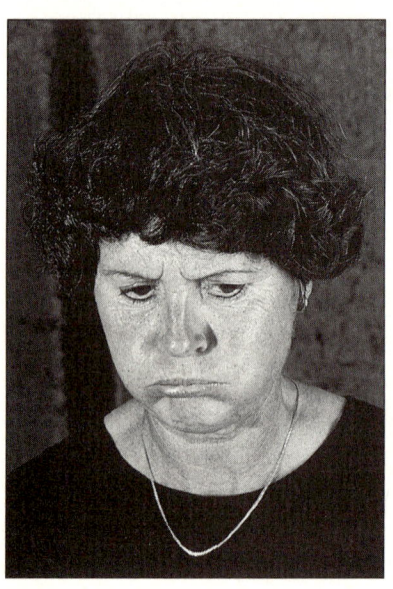

Auch der **Mund** des Partners hat uns einiges zu erzählen, nicht nur deshalb, weil aus ihm Knoblauchgeruch oder Laute und Sätze strömen.

Wie möchten Sie auf eine solche Schnute reagieren? Und sehen Sie sich die Augen an!

Augen und Mund: Aus ihnen entsteht auch das Lächeln. Und Lächeln hat eine Menge suggestives Potential. Lächeln vermittelt in hohem Maße Zugehörigkeit und Anerkennung, und es überträgt sich.

Haben Sie schon einmal versucht, jemanden, der ihnen auf der Straße entgegenkommt, bewußt anzulächeln. Tun Sie's mal. Mit großer Wahrscheinlichkeit bekommen Sie ein Lächeln zurück.

Mit einem Lächeln kann man brisante Situationen entschärfen.

Aber nicht nur im «Land des Lächelns» («Immer nur lächeln und immer vergnügt...») wird Lächeln oft dazu benutzt, die wahren Emotionen zu verschleiern, negative Gefühle zu maskieren und positive vorzutäuschen. Ekman und Friesen (1969) sprechen von maskierendem Lächeln. Entscheidendes Merkmal beim Lächeln: Wir heben die Mundwinkel. Mit diesem deutlichen Merkmal decken wir oft andere, weniger klar erkennbare Begleitreize zu, die die wahren Emotionen durchsickern lassen könnten. Da ist zum Beispiel die Dauer und Symmetrie dieses Ausdrucks (es gibt ja auch ein «schiefes» Lächeln). Und was machen die Augen? Sind die Muskeln um die Augen herum entspannt oder zusammengezogen?

Verkäufer und Verkäuferinnen lächeln häufig, um uns so Wertschätzung zu suggerieren. Aber lächeln sie wirklich?

Bei Partygesprächen in den USA – das fällt gerade uns Europäern auf – wird geradezu exzessiv gelächelt. Der suggestive Appell: Fühl dich wohl, finde mich nett! Klaus Pawlowski konnte dabei häufig

das Gefühl nicht unterdrücken, daß dieses Lächeln gewissermaßen «nur im Gesicht stand».

Dennoch: Lächeln Sie mal wieder.

Fassen wir kurz zusammen: Unsere Körpersprache enthält in
hohem Maße suggestives Potential. Das heißt: Sie malt in dem
anderen ein Bild von uns und veranlaßt ihn eventuell dazu, entsprechend zu reagieren. Sowohl das Aussenden dieser Botschaften als auch die entsprechende Reaktion kann bewußt oder unbewußt vor sich gehen.

Häufig sind es jedoch nicht einzelne Merkmale, sondern
Kombinationen aus Gestik, Mimik und Körperhaltung, die uns
bestimmte Eindrücke vermitteln können, wobei wir Wert darauf legen, daß die Betonung auf «können» liegt. Ob und in welcher Weise sie suggestiv wirken, hängt nämlich von der Situation ab, vor allem von der Beziehung zwischen den Partnern.
Dennoch lohnt es sich, auf diese Botschaften zu achten. Dabei
sollten wir von solchen Signalen nicht gleich auf den Charakter
des anderen schließen. Zunächst sind sie einmal Ausdruck seiner augenblicklichen Empfindungen. Außerdem ist die mögliche Wirkung unserer Körpersprache nicht überall auf dieser
Erde gleich.

Und sie ist abhängig vom Geschmack und den Normen einer
bestimmten Zeit und Kultur. Wie bewerten Sie die folgende Passage aus Julius Fasts weitverbreitetem Buch «Körpersprache»
(1979, S. 100 f.)?

«Eine Frau, die zu haben ist, hält ihre Bewegungen genau unter Kontrolle. Ein Mann kann es als ‹Posieren› bezeichnen, eine
andere Frau als ‹affektiertes Benehmen›, aber die Bewegungen
ihres Körpers, ihrer Hüften, ihrer Schultern sagen deutlich, daß
sie zu haben ist. Vielleicht sitzt sie mit leicht gespreizten, symbo-
lisch geöffneten und einladenden Beinen da oder fährt sich bei

einer wohlüberlegten Geste mit der einen Hand beinahe liebevoll über die Brust. Sie streichelt beim Reden vielleicht ihre Schenkel oder bewegt beim Gehen auffordernd die Hüften. Einige ihrer Bewegungen sind einstudiert und bewußt, einige sind vollkommen unbewußt.»

Teufel auch, müssen das Zeiten gewesen sein, als man das noch so klar zuordnen konnte. Aber da gab es auch noch keine Frauenbeauftragten.

Von Julius Fast, dem «Altmeister» in der Untersuchung der Körpersprache, stammt aber auch eine Beobachtung, die heute noch gilt (1979, S. 129):

«Bei einer Cocktailparty kann eine Gruppe von Leuten einen kleinen Kreis bilden, der alle anderen Anwesenden ausschließt. Wenn drei Mitglieder einer Gruppe auf einem Sofa sitzen, können die beiden außen sitzenden ‹Bücherstützen› bilden, sich also einander zuwenden und den dritten in die Mitte nehmen. Andere Leute bleiben dann ebenfalls ausgeschlossen, und dementsprechend haben die beiden Außensitzenden eine einschließende Haltung eingenommen. Um den oder die Teilnehmer in der Mitte einzuschließen, können sie auch die Beine übereinanderschlagen.»

Der **räumliche Abstand**, den wir in einem Gespräch zu unserem Partner herstellen, suggeriert ihm häufig unsere emotionale Nähe oder Distanz. Wenn wir jemanden mögen, kommen wir ihm auch gerne nahe. Dann fällt es uns auch leichter, ihm durch einen leichten Schlag auf die Schulter oder auf den Arm zu zeigen, daß wir uns ihm nahe fühlen. Daß etwas «unter uns bleiben soll», signalisieren wir dadurch, daß wir ihm zumindest mit dem Kopf sehr nahe rücken und unsere Stimme dämpfen. Wenn wir aber in einer Auseinandersetzung unserem Partner «auf die Pelle rücken», wird er das leicht als Bedrohung erleben und ausweichen. Der Sozialpsychologe Michael Argyle (1979, S. 282) hat vier Distanzbereiche für Angehörige der US-amerikanischen Kultur beschrieben:

| | |
|---|---|
| **Intim:** (bis 50 cm) | Bei intimen Beziehungen; Körperkontakt ist leicht; man kann den anderen riechen und seine Wärme fühlen; man kann ihn sehen, aber nicht sehr gut; man kann flüsternd reden. |
| **Persönlich:** (50–120 cm) | Bei nahen Beziehungen; man kann den anderen berühren; man kann ihn besser sehen, aber nicht seinen Atem riechen. |
| **Sozial-beratend:** (250–350 cm) | Bei eher unpersönlichen Beziehungen, zum Beispiel von hinter einem Tisch aus und bei unabhängiger Arbeit. |
| **Öffentlich:** (350 cm und mehr) | Bei Persönlichkeiten des öffentlichen Lebens und bei öffentlichen Anlässen. |

Bei uns Deutschen sind diese «Sicherheitsabstände» wohl etwas geringer. In südlichen Breiten sind allerdings noch geringere Abstände üblich. Diese körperliche Nähe empfinden wir oft als unangenehm. Sie suggeriert uns eine unangemessene Intimität. Dazu die folgende Anekdote:

Auf einem Empfang stürzte ein Angehöriger der US-Botschaft rückwärts über die Balkonbrüstung. Der Grund: Er hatte sich in einem Gespräch mit einem brasilianischen Legationsrat befunden.

Übrigens können wir ganz bewußt über unsere Körperhaltung Einfluß nehmen auf unsere Empfindungen und von dort auf unser weiteres Verhalten. Einen kurzen Abschnitt dazu finden Sie auf S. 185–188 im Kapitel über Selbstsuggestion.

Zusammengefaßt: Sprechausdruck und Körpersprache sind

in hohem Maße an Suggestionen beteiligt. Das Problem besteht darin, daß sie sich nur sehr unvollkommen systematisieren lassen, daß wir also nur sehr schwer Regeln oder gar Verhaltensempfehlungen ableiten können.

Immerhin: Vielleicht ist es uns gelungen, Sie für diese Prozesse zu sensibilisieren.

## 2.10 Prognosen

Auch Prognosen nutzen – wie Schlüsselwörter und Metaphern – als suggestive Strategien das **Bedürfnis nach Prägnanz**.

Von dem bekanntesten Suggestionsforscher in Deutschland, Vladimir Aristos Gheorghiu, erzählt man sich folgende Anekdote: Er pflegte in seinen Vorlesungen ein kleines Experiment zu machen: Eine Testperson sollte versuchen, einen Bleistift, den er zwischen seinen Händen hielt, mit dem Zeigefinger mitten durchzuhauen. Als Testpersonen soll er besonders gern zarte junge Damen ausgewählt haben. Für diese sicher eine etwas mulmige, wir würden sagen, unprägnante Situation. Aber Gheorghiu flüsterte seinen Kandidatinnen vorher etwas ins Ohr. Daraufhin schlugen sie mutig zu, und zack: Der Bleistift war zerbrochen.

Versuchen Sie das selbst einmal, bevor Sie weiterlesen und wir Ihnen sagen, was Gheorghiu den jungen Damen ins Ohr flüsterte.

Na, tut ganz schön weh, nicht wahr? Haben Sie es wirklich geschafft?

Gheorghius Einflüsterung: «Bevor Sie zuschlagen, stellen Sie sich vor, Ihr Zeigefinger sei schon hier unterhalb des Bleistifts.»

Damit hat er seinen Versuchspersonen eine Vorstellung vermittelt von dem, was nach dem Schlag sein wird. Die junge Dame antizipiert gewissermaßen ein Bild vom Ergebnis ihrer Handlung. Die Situation wurde so für sie prägnant.

Auf ähnliche Weise hat Bettina Hartmann endlich nach drei vergeblichen Anläufen ihre Führerscheinprüfung bestanden. In den vorangegangen Prüfungen war sie von Mal zu Mal aufgeregter gewesen, hatte die unsinnigsten Fehler gemacht. Auf Nils' Drängen hin war sie schließlich vor dem vierten Versuch in eine psychologische Praxis gegangen. «Du mußt diese Angst loswerden», hatte Nils gesagt.

In der letzten Sitzung vor der Prüfung hatte der Therapeut Bettina gefragt, was sie nach bestandener Prüfung tun würde. Sie hatte das Bild genau vor sich gesehen: Sie steigt aus, der Prüfer überreicht ihr das ersehnte Dokument. Da steht schon Nils, natürlich mit einem Blumenstrauß. Sie gehen in ein Café richtig schick frühstücken. Der Therapeut hatte dann weiter gefragt: «Was werden Sie Nils von der bestandenen Prüfung erzählen?» Und Bettina hatte versucht, sich auch den Verlauf der *bestandenen* Prüfung genau vorzustellen.

Der therapeutische Ansatz besteht also aus zwei Phasen:

1. Der Therapeut veranlaßt Bettina durch seine Frage, sich ein prägnantes Bild auszumalen von dem, was **nach ihrer bestandenen** Prüfung kommt. Er ermuntert sie gewissermaßen

zu einer positiven Prognose im Hinblick auf ihr **Ziel**, die Fahrprüfung zu bestehen.

2. Von diesem prägnanten Bild aus stellt er seine zweite Frage. Er fragt nach dem **Weg** zu diesem Ziel. Das, was Bettina als Antwort entwickelt, nennt man in der Hypnotherapie «eine Pseudoerinnerung».

Sie haben es sicher gemerkt: Gheorghiu und auch Bettinas Therapeut aktivieren das **ideodynamische Prinzip**, den Zusammenhang zwischen den Vorstellungen in unserem Kopf und unseren Handlungen und Empfindungen. Sie entwickeln mit ihren Partnern eine *Idee* von der *Dynamik* ihres zukünftigen Handelns. Entscheidend dabei ist, daß diese Vorstellung möglichst in Form einer konkreten Szene entwickelt wird und damit äußerst prägnant ist. Wir können sagen: Eine prägnante Prognose behebt die Konfusion, die eine unangenehme, besonders eine angstbesetzte Aufgabe in der Zukunft meistens auslöst.

An dieser Stelle drängt sich ein Vergleich zwischen den Methoden der «klassischen» (tiefenpsychologisch orientierten) Psychotherapie und der Hypnotherapie geradezu auf.

Der klassische Therapeut arbeitet «die einzelnen Probleme durch» oder «bearbeitet einen Grundkonflikt», wie es im Fachjargon heißt. Er beschäftigt sich also fortwährend mit Problemen und mit deren Entstehung in der Vergangenheit. Dabei kann es passieren, daß diese Probleme für den Klienten sehr prägnant und ihm deren Bewältigung sehr diffus erscheint. Dadurch können diese Probleme verstärkt werden.

Ein Hypnotherapeut dagegen, der mit den Prinzipien der Suggestion vertraut ist, fragt den Klienten zu Beginn einer Therapie:

«Wenn das, was wir hier tun, ein positives Ergebnis hat, was wird dann anders sein als jetzt?» Dabei läßt er nur positive Zielbeschreibungen zu.

Wir erinnern uns: Unser Unbewußtes registriert keine Negationen. Eine Zielbestimmung wie: «Dann werde ich keine Angst mehr vor der Prüfung haben» suggeriert genau das Gegenteil. Statt dessen könnte eine gute Zielbeschreibung lauten: «Ich werde mich in der Prüfung sicher und kompetent fühlen.»

Der Therapeut selbst wird immer wieder während des Gesprächs positive Prognosen stellen, zum Beispiel:

Bisher konnten Sie das noch nicht.

(Impliziert die Prognose: Demnächst werden Sie es können.)

Das ist ein erster Schritt.

(Impliziert die Prognose: ... dem ein zweiter oder dritter folgen wird.)

Wir sehen hier den engen Zusammenhang zwischen Prognose, positiver Verstärkung und Implikation.

Auch der **Placebo-Effekt** beruht auf dem Prinzip der positiven Prognose: Der Arzt gibt dem Patienten ein Medikament, das keine spezifischen Heilsubstanzen enthält. Die Verschreibung schließt für den Patienten eine positive Prognose im Hinblick auf die Heilungschancen ein. Sie wird dadurch verstärkt, daß der Patient die objektive Beschaffenheit des Mittels nicht kennt und Vertrauen zu seinem Arzt hat. Daraus leitet der Patient die Erwartung ab, daß das Mittel sein Leiden lindern wird. Vielleicht stellt er sich auch genau vor, wie es ihm dann geht. Möglicherweise hilft ihm der Arzt bei dieser Vorstellung. Daraus entstehen feste Erwartungen des Patienten nicht nur an dieses Mittel, mehr noch an den positiven Zustand, den es auslösen wird.

Peter H. Ludwig (1991) betont den negativen Beigeschmack einer solchen Placebo-Maßnahme: Tatsache ist, daß der Arzt seinen Patienten bewußt täuscht, und zwar über die Ursache seiner Heilung. Wir könnten hinzufügen: ... um ihm zu helfen.

Dennoch: Es bleibt eine Täuschung. Ludwig beschreibt einen Weg, den Patienten aufzuklären und den Effekt dennoch aufrechtzuerhalten.

Der Arzt könnte seinen Patienten bitten: «Bleibe bei deiner Erwartung, und tausche lediglich die Kausalattributierung aus. Sage dir also: Ich werde gesund, weil ich es erwarte.» Das kann er aber paradoxerweise nur erwarten, wenn er es wirklich erwartet. Einer solch logisch sinnlosen Aussage nachzukommen entspricht dem Versuch, sich an den eigenen Haaren aus dem Sumpf herauszuziehen (Ludwig 1991, S. 198). Deshalb heißt diese Situation auch in Fachkreisen «Münchhausen-Dilemma». Ludwig beschreibt, wie ein solches Dilemma aufgelöst werden kann: «Indem der Patient über den Placebo-Effekt aufgeklärt wird, erfährt er auch, welches Ausmaß an Kontrolle er über seinen eigenen Körper hat. Der (falsche) Glaube an das Placebo kann also beispielsweise ersetzt werden durch den (richtigen) Glauben an die Anpassungsfähigkeit und die inneren Heilkräfte des Körpers.»

Wir können jetzt ergänzen: Wenn es dem Arzt gelingt, seinem Patienten ein prägnantes Bild davon zu vermitteln, wie es ihm als geheiltem Menschen gehen wird, und er ihn danach dazu veranlaßt, sich die einzelnen Schritte dahin vorzustellen, wird er diesen Glauben an die Heilkraft des eigenen Körpers wesentlich unterstützen.

In der Pädagogik können Prognosen bemerkenswerte Folgen haben. Bettina Hartmann erinnert sich noch gut an die Einschulung ihrer Tochter Karen. Die Lehrerin Frau Breitkreuz sagte am ersten Elternabend mit dem wissenden Lächeln der erfahrenen Pädagogin: «Nach den ersten Wochen weiß ich schon genau, in welche Richtung sich die einzelnen Kinder entwickeln werden.» Kein Wunder, daß diese Prognosen sich weitgehend bestätigten. Die Bilder, die sie sich gemacht hatte, beeinflußten ihre Handlungen. Und Bettina hatte kein Interesse, das positive Bild ihrer Tochter Karen bei Frau Breitkreuz zu korrigieren.

Wahrscheinlich hat sich einigen von Ihnen während der Lektüre dieses Abschnitts, vor allem aber beim letzten Beispiel, ein Begriff geradezu aufgedrängt: der Begriff «self fulfilling prophecy» («sich selbst erfüllende Prophezeiung»). Er stammt von dem Soziologen Merton (1948). Karens Lehrerin Frau Breitkreuz bekommt, was sie erwartet. Snyder und Swann (1978, S. 148) würden sagen: «Ihr Glaube erzeugt (soziale) Realität.» Oder etwas komplizierter ausgedrückt: «Es ist nicht nur so, daß unsere Bilder der sozialen Welt eine Reflexion der Ereignisse der sozialen Welt sind, sondern auch die Ereignisse in der sozialen Welt können ihrerseits Reflexionen und Produkte unserer Bilder sein» (1978, S. 160).

Wahrscheinlich haben Sie es gemerkt: Wir sind mit unseren letzten beiden Beispielen von der Fremdsuggestion zur Selbstsuggestion geschwenkt. Die beiden Vorgänge sind gerade bei der Prognose kaum zu trennen. Der Placebo-Effekt wird zwar durch die Verschreibung und die damit verbundene Prognose des Arztes ausgelöst, entsteht aber letzten Endes aus dem Glauben des Patienten. Wir können auch sagen:

*Er bildet es sich ein.* Eine schöne Metapher, die genau das trifft, was Selbstsuggestion ausmacht: sich ein Bild machen. Wir Autoren begreifen die Möglichkeit, *sich etwas einzubilden*, als eine *Fähigkeit* und nicht als eine Charakterschwäche, wie es viele fälschlicherweise tun.

Frau Breitkreuz suggeriert sich selbst die schulische Zukunft ihrer Schülerinnen und Schüler. Und erst im Zuge dieser Bilder wird sie dann, natürlich unbewußt, ihre Schäfchen suggestiv beeinflussen, mit Hilfe der Strategien, die wir in diesem Kapitel vorgestellt haben.

Und es geht noch weiter: Bei ihren Schülerinnen und Schülern löst diese Fremdsuggestion wiederum einen autosuggestiven Prozeß aus: Häufig beginnen die Schüler sich selbst so einzuschätzen, wie die Lehrerin das tut.* Wie gesagt: Das geschieht zwar regelhaft, aber nicht zwangsläufig. Wir haben Ihnen in Kapitel 1 ja gezeigt, welche Voraussetzungen erfüllt sein müssen, damit Suggestionen wirksam werden können. So gibt es eben Kinder, die empfänglicher für Suggestionen sind als andere. Denken Sie an Karen und Peter, die beiden Kinder von Bettina und Nils Hartmann.

Unser Fazit: **Im Prinzip ist jede Fremdsuggestion nur dann erfolgreich, wenn sie eine entsprechende Selbstsuggestion auslöst.**

Eine gute Überleitung zu unserem nächsten Kapitel.

---

\* Diese Geschichte von der erfahrenen Lehrerin Frau Breitkreuz ist übrigens ein Beispiel für den sogenannten Rosenthal-Effekt, benannt nach dem Sozialpsychologen Rosenthal, der zwischen 1960 und 1970 entsprechende Versuche gemacht hat (Ludwig 1991, S. 116).

# kapitel 3

# Selbstsuggestion

## 1. Prognosen

Bei der suggestiven Strategie der Prognose wird deutlich, wie stark Fremdsuggestion und Selbstsuggestion aufeinander bezogen sind. Wir können geradezu nahtlos an das vorige Kapitel anschließen.

Ein guter Schlüsselbegriff für das folgende ist «die sich selbst erfüllende Prophezeihung». Wir leben damit, manche mehr, manche weniger, manchmal gut, manchmal schlecht:

Sie wissen genau, auf dieser Reise geht was schief. Na bitte, da haben wir's schon: Sie verpassen den Zug, vergessen Ihren Mantel im Abteil, kommen zu spät zu Ihrem Termin.

Vor einem wichtigen Termin, zum Beispiel einem Vorstellungsgespräch, sagen Sie sich: «Wetten, das klappt wieder nicht.» Diese Idee steuert Ihre Dynamik. Mit großer Wahrscheinlichkeit werden Sie sich Ihrer Prognose entsprechend verhalten. Ein Ergebnis negativer Selbstsuggestion.

In diesen Zusammenhang passen auch die Beispiele aus unserem Eingangskapitel: Der Skiläufer, der sich einflüstert: «Nur nicht hinfallen!» Der Elfmeterschütze, der sich auffordert: «Nicht danebenschießen!»

Wie gesagt: Das Unbewußte nimmt diese Negationen nicht

wahr, der Skiläufer sieht sich stürzen, der Elfmeterschütze sieht den Ball über die Latte fliegen. Ihre Feinmotorik reagiert entsprechend.

Versuchen Sie einmal, sich zu erinnern, wann und wie oft Sie durch negative Prognosen Ihre eigenen Handlungen blockiert, positive Ergebnisse verhindert haben.

Oder anders herum: Sie wissen genau, Ihre Party wird ein Riesenerfolg. Und Sie malen sich genau aus, wie das ablaufen wird. Kein Wunder, daß das wirklich das Top-Ereignis der Saison wird. Vielleicht, weil Sie sich dieses präzise Bild intensiv selbst suggeriert haben.

Hans Riebensahm verschläft nie. Vor dem Einschlafen stellt er sich vor, wann er aufwachen muß. Dabei sieht er das Zifferblatt seines Weckers und die entsprechende Position der Zeiger deutlich vor sich.

Bettina erzählt gern die Geschichte von ihrem Großvater. Die Ärzte hatten die Familie im Herbst darauf vorbereitet, daß er wohl das Ende des Jahres nicht mehr erleben würde. Aber er war beseelt von einem Wunsch: Er wollte im nächsten Mai seinen 90. Geburtstag feiern. Er hatte ganz feste Vorstellungen, und die hatte er schon ein Jahr vorher in der Familie klar umrissen: Alle sitzen um den großen Tisch im Garten, alle Enkel und Urenkel, er am Kopfende, direkt vor seiner geliebten Rosenhecke. Der Bürgermeister kommt und gratuliert. Und er wollte eine kleine Rede halten. Er ist nach einer sehr schönen und bewegenden Geburtstagsfeier im Juni gestorben.

Auch hier: Das Bild, das er sich selbst im Kopf herstellt, beeinflußt seine körperlichen Funktionen, gibt ihm in diesem Fall ungeahnte Kräfte. **Je präziser dieses Bild ist, je prägnanter also diese Vision ist, desto wahrscheinlicher wird aus der Vision Realität.**

Auf der Fahrt zu einem Seminar, das er leiten will, stellt sich Klaus Pawlowski ganz genau vor, wie erleichtert und glücklich er auf der Rückfahrt im Zug sitzen wird. Diese Vorstellung entspannt ihn schon jetzt.

Slalomläufer sehen den Hang genau vor sich, mit allen Toren, und sie prägen sich den Weg durch den Stangenwald so genau ein, daß sie jeden Schwung bis in die Feinmotorik hinein vorweg erleben.

Stabhochspringer sehen die Latte und den Weg, den ihr Körper über diese Latte nehmen wird, genau vor sich. Wir kennen diese Vorbereitungsübungen unter dem Begriff «mentales Training».

Amateurgolfer denken bei jedem Schlag daran, wie sie stehen sollten, wie sie den Schläger anfassen sollten, wie sie aufschwingen und den Schläger «durch den Ball führen» sollten, und sind froh, wenn sie ihn einigermaßen treffen. Profis dagegen sehen den Punkt vor sich, wo der Ball gleich landen wird.

Zusammengefaßt können wir sagen: **Die Chance dafür, daß eine solche prognostische Selbstsuggestion gelingt, ist dann besonders groß, wenn wir zunächst das Ziel – möglichst mit allen Sinnesqualitäten und detailliert – präsent haben und uns von diesem Ziel aus den Weg dorthin vorstellen.**

Das gilt übrigens nicht nur für einzelne Handlungen, wie das Schlagen eines Balles beim Golf, sondern auch für komplexe Handlungszusammenhänge, also zum Beispiel eine ganze Führerscheinprüfung.

Und das gilt nicht nur von heute auf morgen, so wie bei besagter Prüfung, das gilt auch für langfristige Ziele, für ganze Lebenskonzepte, in der Transaktionsanalyse spricht man vom «Lebensskript» (Steiner 1982).

Solche Lebensprognosen oder Lebensphantasien bestimmen

oft als Ideen mit hohem suggestiven Potential die Einstellungen, prägen die Verhaltensweisen, werden aktiv bei der Partnerwahl und bei der Berufswahl. Wir kennen den Spruch: «Du mußt es nur wollen, dann schaffst du es!» Wir müssen hinzufügen: «... und dir das ganz genau vorstellen, dir also ein möglichst prägnantes Bild machen.»

Gerhard Schröder soll – und er hat nie bestritten, daß die Geschichte wahr ist – als Juso-Vorsitzender am Zaun des Kanzleramts gerüttelt haben mit den markigen Worten: «Da will ich rein!» Das Bild in seinem Kopf muß sehr prägnant gewesen sein. Diese Idee könnte starke autosuggestive Wirkungen gehabt, das heißt, die Dynamik seines Denkens und Handels bestimmt haben. Sie könnte dafür gesorgt haben, daß er alles, was er bis zu seiner Wahl im September 1998 gemacht hat, mit dem Ziel getan hat, diese seine Vision zu verwirklichen.

Wir können daraus folgern: In einem solch langfristig angelegten autosuggestiven Prozeß erhöht sich laufend die Wahrscheinlichkeit, daß sich die Vision erfüllt.

Wir kennen aus der Geschichte Visionäre, die langfristige gesellschaftliche Ziele als Ideen entwickelten und in der Lage waren, diese Ideen ihren Zeitgenossen zu vermitteln: Florence Nightingale, auch Charles de Gaulle. Wahrscheinlich konnte de Gaulle den Algerienkrieg nur deshalb erfolgreich beenden, weil seine Entscheidungen und Handlungen geprägt waren von der Idee eines befriedeten Frankreich, einer «grande Nation» nicht im territorialen Sinne, sondern im Sinne geistiger Geschlossenheit und Größe.

Milton Erickson spricht in diesem Zusammenhang von Veränderungsoptimismus, von der Zuversicht, das zu erreichen, was man will (Rossi 1995–98). Wir müssen ergänzen: und wovon man ein möglichst genaues, prägnantes Bild in seinem Kopf hat.

Wir müssen allerdings eine zweite Ergänzung anfügen: **Auto-suggestive Prozesse haben nur dann eine Chance auf Erfolg, wenn dieses Bild in unserem Kopf, diese Idee oder Vision realistisch ist.**

Veränderungsoptimismus macht auch das Unmögliche nicht möglich: Bei der festen Vorstellung von sechs Richtigen auf dem Lottoschein greift die Dynamik nicht. Und auch nicht, wenn sich Hans Riebensahm in seinem Kopf das wunderschöne Bild entwickelt hat, wie er nach einem furiosen 5000-m-Lauf bei den Olympischen Spielen 2002 als Erster das Ziel erreicht ... Aber er wird diese Prognose eben nicht stellen. Oder anders gesagt: Er wird von dieser Vision kaum ein prägnantes Bild aufbauen können.

Natürlich haben wir alle Phantasien und Träume, die fern aller Realisierungschancen liegen, aber wir wissen, daß sie im Rahmen unseres Lebenskonzepts keine realistischen Prognosen sind.

Realistisch heißt: Ich kann mir genau vorstellen, daß und wie es möglich ist, diese Idee Wirklichkeit werden zu lassen. Bettina Hartmann hat gelernt, einzuparken und am Berg anzufahren, ihr Großvater spürt, daß ihn seine Lebenskräfte noch nicht ganz verlassen haben. Und Gerhard Schröder war bereits Juso-Vorsitzender, Charles de Gaulle Regierungschef.

## 2. Fiktionen

Prognosen sind Bilder und Ideen von Zukünftigem. Fiktionen beziehen sich auf die Gegenwart, das Hier und Jetzt. Wenn wir einer Fiktion folgen, tun wir gewissermaßen so, als ob ...

Wer autogenes Training macht, benutzt fiktive Behauptungen:

Mein rechter Arm ist schwer.

Mein linkes Bein ist warm.

Faktisch sind Arme und Beine in diesem Moment weder schwer noch warm. Aber man tut so, als ob sie es seien. Wenn es gelingt, diese Fiktion in die Vorstellung einer Empfindung umzusetzen, wird sich dieses Schweregefühl oder Wärmegefühl mit großer Wahrscheinlichkeit einstellen.

Jeder von uns kennt den Satz: «Rede dir bloß nichts ein!» Und wir können uns eine Menge einreden: Mißerfolge («Ich bin eben ein Pechvogel»), Krankheiten («Mir geht es von Tag zu Tag schlechter»).

Aber wer sagt uns, daß das so ist? Nur wir selber. Bilder, die wir uns von einem Zustand machen, setzen eine entsprechende Dynamik frei. Fiktionen können sehr schnell real werden.

Bettinas Schwester Christine horcht permanent in ihren Körper hinein. Zugegeben: Sie hatte nach einer schweren Grippe mehrere Monate hindurch merkwürdige Schwindelgefühle und fühlte sich häufig benommen. Die Ärzte fanden nichts und diagnostizierten eine vegetative Dystonie. Mit diesem medizinischen Etikett für ein sehr diffuses Störungsbild haben der Arzt und Christine gemeinsam die Fiktion einer Krankheit geschaffen. «Vegetative Dystonie» wurde für Christine zum Schlüsselwort für ihr zukünftiges Fühlen, Denken und Handeln. Seither lebt Christine das Leben einer Kranken. Sie schont sich, fühlt sich dauernd überfordert, nimmt alle möglichen Pillen und sucht in ihrem Körper nach Krankheitsherden, nach Symptomen für diese rätselhafte Krankheit. So stellt sie sich vor, ihr Kopf würde nicht richtig durchblutet. Kein Wunder, daß sie sich benommen fühlt und Kopfschmerzen spürt. Auch ist in ihrer Vorstellung ihr Brustraum eingeengt, und sie bekommt schlecht Luft. Fiktionale Bilder lösen in ihr bestimmte Nerven- und Muskelreaktionen aus. Es geht ihr wirklich nicht gut. Man kann also nicht von einer eingebildeten Krankheit sprechen, aber davon, daß sich aus einer Einbildung, einer Fiktion, Mißempfindungen, Symptome einer echten Krankheit entwickeln.

Vielleicht könnte sie diese Krankheit durch ein **Reframing** überwinden, wenn sie zum Beispiel erkennen würde, daß auch das Gegensatzpaar «Krankheit – Gesundheit» eine Fiktion ist: Wann ist jemand *schon* krank? Wann ist jemand *noch* gesund?

Auch der Arzt hätte von vornherein einen anderen Rahmen setzen können. Er hätte nach einer gründlichen Untersuchung sagen können: «Sie haben im Augenblick ein paar Mißempfindungen, die Ihr Wohlbefinden ein wenig einschränken. Aber organisch sind Sie völlig gesund.»

Aus Fiktionen entstehen oft Phobien. Bettinas Bruder Alf steigt in kein Flugzeug, weil die Fiktion «Fliegen ist ein Himmelfahrtskommando» ihm schon beim Gedanken an eine Flugreise den Schweiß auf die Stirn treibt.

Wie Fiktionen unsere Wirklichkeit bestimmen, das hat der Philosoph Hans Vaihinger (1852–1933) in seiner «Philosophie des Als-ob» (1911) beschrieben. Nach Vaihinger ist zum Beispiel «Gott» eine Fiktion. Aber nicht nur die abendländischen Religionen haben diese Fiktion zur Grundlage.

Die Willensfreiheit, ein zentrales Element der Ethik, ist fiktiv, ein Konstrukt, und wir wissen das. Trotzdem tun wir so, als ob sie Realität wäre, und gründen auf ihr unsere moralische und juristische Ordnung. Solche Fiktionen sind also oft nützlich, manchmal sogar notwendig für das Zusammenleben von Menschen. Vaihinger kommt damit zu einem veränderten Wahrheitsbegriff. Wahr ist, was uns hilft, «unser praktisches Verhalten richtig einzurichten. Leisten Fiktionen diesen Dienst – und sie tun es –, so sind sie eben für uns ‹wahr›. Wahrheit ist nichts anderes als

Nützlichkeit für das Leben. Einen anderen, ‹objektiven› Maßstab gibt es nicht» (Störig 1987, S. 547).

In unserem Alltag orientieren wir uns ständig an Fiktionen. Wir können auch gar nicht umhin, uns Fiktionen zu schaffen, weil wir nie mit Sicherheit wissen können, wie etwas wirklich beschaffen ist. Wir machen uns unsere eigene Realität aus unseren Vorstellungen und Wünschen. Ein Wunsch ist oft nicht nur der Vater eines Gedankens, sondern auch der Vater von Tatsachen.

Auf dieser Erkenntnis gründet auch der Glaubenssatz für den erfolgreichen Menschen von heute: «Positiv denken.»

Ein schönes Beispiel für «positives Denken» stammt von dem Kabarettisten Priol: Stellen Sie sich vor, Sie halten auf einer anstrengenden Nachtfahrt an einer Raststätte. Sie sind wie gerädert, müde wie ein Hund. Sie bestellen sich zwei Streichhölzer, um die Augen offenzuhalten, vor allem aber eine große Cola, die sie gar nicht mögen, und möglichst noch einen großen Topf schwarzen Kaffee hinterher, der Ihnen garantiert auf den Magen schlagen wird. Noch während Sie die Bestellung aufgeben, kommt ein Mann zur Tür reingestürzt, rennt auf Ihren Tisch zu und ruft: «Ihnen gehört doch der weiße Daimler da draußen?» Und als Sie verwundert antworten: «Ja, was ist mit ihm?», stammelt er atemlos: «Der ist Ihnen gerade geklaut worden.» Wenn Sie sich jetzt ruhig zurücklehnen und zu der ebenfalls erschrockenen Bedienung sagen: «Bringen Sie mir für die Cola und den Kaffee einen großen Steinhäger und ein großes Bier», dann sind Sie ein Mensch, der gelernt hat, positiv zu denken.

Die Zauberformel «Positiv denken» lockt heute nicht nur Manager in Seminare zu diesem Thema, sie beschert auch Büchern über «positives Denken» hohe Auflagen. In einem dieser Bücher fanden wir folgende selbstsuggestive Formel:

«Ich bin vollwertig. Ich lebe richtig, und ich habe die Kraft, alle meine Vorhaben in Übereinstimmung mit der göttlichen Vorsehung zu verwirklichen.»

Auch diese Formel stellt eine Fiktion dar. Vielleicht gelingt es ja einigen Menschen, sich ein genaues Bild davon zu machen, wie es ist, vollwertig zu sein. Vielleicht gelingt es ihnen, den Widerspruch zu ignorieren zwischen ihrer augenblicklichen Situation und der Fiktion, die Kraft zu besitzen, die nötig wäre, um all ihre Vorhaben zu verwirklichen. Aber wenn sie mit der göttlichen Vorsehung Schwierigkeiten haben?

Im Ernst: Derartige Formeln zum «positiven Denken» gründen zwar auf der richtigen Erkenntnis, daß positive Gedanken, in diesem Fall Fiktionen, suggestive Kraft entfalten, also eine entsprechende Dynamik aus positiven Empfindungen und erfolgreichen Handlungen freisetzen können. Aber sie dürfen uns und unser Vorstellungsvermögen nicht überfordern. Darauf sollte ein Therapeut (oder Buchautor) achten, wenn er seinem Klienten (oder seinen Lesern) eine solche Formel vorschlägt. Sonst provoziert er allenfalls Widerstand. Ein Arbeitsloser wird Schwierigkeiten haben, sich «die Kraft» einzubilden, die nötig ist, «all seine» beruflichen «Vorhaben» zu verwirklichen. Er muß seine eigene Formel finden, vielleicht eine Formel, die ihm das, was er gerade tut, als sinnvoll erscheinen läßt.

Jetzt kann ich endlich mal den Volkshochschulkurs machen.

Das ist übrigens keine Fiktion, sondern eine Tatsache.

Ein Kranker wird Schwierigkeiten haben, «sich vollwertig zu fühlen», aber vielleicht hilft ihm die fiktionale Formel:

Mein Körper verfügt über ungeahnte Kräfte, sich selbst zu heilen. Die will ich nutzen.

Ein Drogenabhängiger beim Entzug in einer Klinik wird die Formel «Ich lebe richtig» geradezu als Provokation erleben. Aber vielleicht kann er mit der folgenden Fiktion etwas anfangen:

Ich beginne jetzt und hier damit, meine Abhängigkeit unter Kontrolle zu bekommen.

Sie merken es: Diese selbstsuggestive Formel enthält zwar eine Fiktion, aber eine, die der Situation entspricht, in der sich der Betreffende hier und jetzt befindet. Einen brauchbaren Schluß für diesen Absatz fanden wir in einem Buch von Arthur Lassen (1998, S. 16): «Du kannst Geschehnisse nicht ändern, wohl aber versuchen, sie in einem anderen Licht zu sehen.»

Allerdings: Fiktionen sind «anfällige» Gebilde. Sie können ihre suggestive Kraft leicht verlieren, wenn das Bild, das wir uns machen und das für eine gewisse Zeit unser Fühlen und Handeln prägen kann, nicht mehr stimmt, an Kontur verliert oder schlicht «zerbröselt». Vielleicht deshalb, weil die Fiktion uns überfordert.

Die romantische Fiktion «Wir sind füreinander bestimmt» hält häufig nur so lange, bis die Gegensätze zweier Menschen Profil gewinnen, bis das Zusammenleben eine Kette schmerzlicher Kompromisse wird. Es gibt Paare, die dennoch versuchen, diese Fiktion zu leben, und die am Widerspruch zwischen dem Bild, das sie im Kopf haben, und dem, was sie täglich miteinander erleben und erleiden, scheitern.

Eine andere sehr zerbrechliche Fiktion ist die der «heilen Familie». Wir wissen nicht, ob sich diese Fiktion für Sie aus ähnlichen Bildern zusammensetzt, wie wir sie jetzt vor Augen haben: gemeinsam essen, gemeinsam Urlaub machen, am Abend Gesellschaftsspiele, alle beteiligen sich am Einkauf, jeder ist um das Wohl des anderen besorgt, jeder ist dem anderen in Liebe verbunden. Diese Fiktion enthält Verhaltensnormen, die in der Realität kaum erfüllbar sind und die den individuellen Wünschen der Beteiligten auf Dauer widersprechen müssen. Wenn Eltern versuchen, ihren Kindern diese Fiktion zu suggerieren, dürfen sie sich nicht wundern, wenn diese Kinder Mühe haben, ihre eigene Persönlichkeit zu finden, oder massive Widerstände entwickeln.

Das Grundgesetz der Bundesrepublik Deutschland hat seine Basis in einer Fiktion: die Handlungs- und Gewissensfreiheit des Menschen. Diese Fiktion malt das Bild einer Gesellschaft, die sich aus Individuen zusammensetzt, die unabhängig und selbstverantwortlich Entscheidungen treffen können. Dieses Bild entwickelt zweifellos eine starke suggestive Kraft, und es wird ja auch von unseren Politikern ständig beschworen. Aber wir müssen schon sehr viel Phantasie entwickeln, diesem Bild immer neue Konturen zu geben.

Eine sehr stabile Fiktion muß dagegen die der deutschen Einheit gewesen sein. Sie entfaltete fünfundvierzig Jahre lang ihre suggestive Kraft. Die westdeutschen Politiker taten so, als ob Deutschland nur uneigentlich geteilt, in Wirklichkeit aber eigentlich ein Staat wäre. Obwohl alle öffentlich bekannten Fakten dagegensprachen. Trotzdem wurde 1990 aus der Fiktion Wirklichkeit. Wir, die Autoren, sind überzeugt, daß ohne die suggestive Wirkung dieser Fiktion die deutsche Einheit 1990 (noch?) nicht Wirklichkeit geworden wäre. Die Parole «Wir sind ein Volk» hätte 1990 nicht die breite Akzeptanz gefunden, wenn sie nicht als Idee schon lange vorher in den Köpfen einer Mehrheit von Menschen wirksam gewesen wäre. Vermutlich sogar in den Köpfen der damals in der DDR Herrschenden.

**Fazit**

An dieser Stelle erscheint es uns sinnvoll, die beiden autosuggestiven Muster «Prognose» und «Fiktion» noch einmal voneinander abzugrenzen und zu vergleichen. Aus beiden entstehen Vorstellungen, Bilder, Ideen, die eine entsprechende Dynamik des

Empfindens und Handelns in Gang setzen können. Beide folgen der Erkenntnis, daß unsere Wirklichkeit ein Produkt unserer subjektiven Wahrnehmung ist. Die **Prognose** malt ein Bild von der Zukunft, von dem, was sein wird. Die **Fiktion** ist eine Vorstellung von der Gegenwart, also von dem, was in diesem Moment ist. Beide können negative, aber auch positive Suggestionen auslösen. Der römische Kaiser Marc Aurel wußte es bereits: «Die Seele nimmt mit der Zeit die Farbe unserer Gedanken an.» Sowohl die Prognose als auch die Fiktion sind also durchaus geeignete autosuggestive Strategien, und in diesem Sinne auch das «positive Denken».

Aber die Fiktion birgt zwei Risiken:

1. Sie verliert an suggestiver Kraft, wenn die Realität die Fiktion ad absurdum führt, wenn die Fiktion uns überfordert.
2. Die Fiktion weckt Widerstände, wenn der Widerspruch zwischen Fiktion und Realität nicht akzeptiert werden kann. Das Bein, von dem ich mir vorstellen soll, es wäre schwer, ist eben nicht schwer. Die Schmerzen drücken mich schwer zu Boden, wie kann ich mir da einreden, sie flögen wie ein leichter Ballon davon.

Das kann uns bei der Prognose kaum passieren. Die Prognose ist ein Bild in der Zukunft, das Wirklichkeit werden *kann*, nicht gleich, vielleicht später. Voraussetzung dafür ist, daß ich dieses Bild sehr prägnant male. Dieses Bild bestimmt mein Handeln und Denken auf dem Weg zu seiner Verwirklichung.

Langsam (früher oder später) werden die Arme beginnen, sich leichter anzufühlen.

Irgendwann werden meine Schmerzen ein Ballon sein, der leicht in den Himmel fliegt.

Die Prognose ist also nicht so anfällig für Enttäuschungen, die aus der Konfrontation mit der Realität entstehen können. Prognose und Fiktion sind eng aufeinander bezogen. Aus der Prognose «Irgendwann werden meine Schmerzen ein Ballon sein, der leicht in den Himmel fliegt» kann die Fiktion entstehen, das wäre schon in diesem Augenblick so. Gegenwart und Zukunft schnurren gewissermaßen zusammen.

Wie schön, wenn das gelingt.


## 3. Schlüsselwörter

Wir haben schon in Kapitel 2.6 zu zeigen versucht: Schlüsselwörter bilden Kristallisationspunkte im Gespräch. Sie prägen die Bilder in den Köpfen der Beteiligten, bilden einen Rahmen für ihre Empfindungen und ihr Verhalten. Die gleiche Funktion haben Schlüsselwörter auch bei der Selbstsuggestion. Sowohl als Überschriften über ein Lebenskonzept, wie bei Jochen Falters Vater (Sie erinnern sich: *Leistung, Pflicht, Lebenskampf*), oder auch in einzelnen Gesprächen.

Nils bittet Bettina, mit ihm zusammen die Geburtstagsfeier seines Vaters zu organisieren. Sie reagiert prompt: «Natürlich helfe ich dir, aber nur dann, wenn du auch mal die Zeit findest, mit mir am Wochenende zu meiner Mutter nach Würzburg zu fahren.» Nils ist leicht empört: Eine nette *Erpressung* ist das, denkt er und schaltet auf stur: «Dann eben nicht! Keine Angst, ich schaff das auch allein.» Und das kommt nicht eben freundlich über seine Lippen. Statt dessen hätte er auch denken können: Aha, sie will *verhandeln*. Dann hätte er wahrscheinlich anders reagiert, vielleicht so: «Du, das will ich ja auch. Wir können ja schon mal über den Termin nachdenken ...»

Das Bild, das er sich von der Situation macht, löst Empfindungen aus, steuert seine Reaktionen. *Erpressungen* sind spürbare

Daumenschrauben, sind überhaupt eine Gemeinheit, und gegen Gemeinheiten muß man sich zur Wehr setzen. Bei *Verhandlungen* hat man Spielraum, kann auch seine eigenen Interessen einbringen.

Eine in der Psychotherapie besonders geläufige Selbstsuggestion durch ein Schlüsselwort ist das «Katastrophisieren». Vor allem schlechte Prüfungsergebnisse werden häufig als *Katastrophen* erlebt, das Lebensschiff bekommt ein furchtbares Leck, es sinkt und reißt alle Hoffnungen und allen Lebensmut mit sich in die Tiefe. Menschen, die jeden Rückschlag mit dem Schlüsselwort *Katastrophe* etikettieren, leben nicht nur in ständiger Angst, sondern auch gefährlich, weil dieses Schlüsselwort sie zu Empfindungen und Handlungen bewegt, die oft nicht nur ins Sprechzimmer des Therapeuten führen.

Eine mißlungene Prüfung könnte ja auch zur Folge haben, daß man sich – nach gebührender Trauerzeit – das Schlüsselwort *Alternativen* über die nächsten Aktivitäten schreibt: Welche *Alternativen* habe ich jetzt? Ein ganz anderes Bild, das zwar nicht unbedingt Optimismus, aber doch Aktionen mit dem Ziel der Veränderung auslösen kann.

Wenn ein Hobby-Tennisspieler ein Match unter dem Schlüsselwort *Spaß* angeht, läuft es möglicherweise viel besser als mit dem Etikett *Sieg*. Möglicherweise, denn es gibt Menschen, die müssen sich Leistungswillen suggerieren. *Spaß haben* heißt für sie, sich hängen zu lassen. Das letzte Beispiel zeigt: Jeder hat seine eigenen Schlüsselwörter, die ihm seine persönlichen Bilder malen. Klaus Pawlowski hat das Wort *Katastrophe* auch im Repertoire seiner Schlüsselwörter. Aber es entwickelt in ihm eine gehörige Portion Aktionismus. Dann schwimmt er mit aller Kraft und findet auch bald einen Rettungsring, wenn hinter ihm das Schiff mit einem Teil seiner Wünsche und Hoffnungen versinkt.

## 4. Metaphern

Wahrscheinlich hat sich der Begriff «Metapher» vielen unserer Leser bei der Lektüre des letzten Abschnitts geradezu aufgedrängt: Lebensschiffe, die versinken, Daumenschrauben werden angelegt. Ja, Metaphern können für uns die gleiche Funktion wie Schlüsselwörter haben.

Und Schlüsselwörter können Metaphern sein: Peter Hartmann hat beim Abitur vor seiner mündlichen Prüfung für sich das Schlüsselwort *Hokuspokus* geprägt, und entsprechend locker war er auch.

Und es ist nur ein gradueller Unterschied, ob Nils bei der Reaktion Bettinas auf seine Bitte spontan der Begriff *Erpressung* einfällt – er ist beim genauen Hinsehen übrigens auch eine Metapher – oder die offensichtliche Metapher *Daumenschrauben anlegen*. Beide Metaphern lösen den Impuls aus, sich zu wehren.

Mit Metaphern können wir uns eine Menge einreden.

So ist das Bild, das wir von uns selbst haben, oft metaphorisch: Wir haben *Ecken und Kanten*, wir sind *zu weich*, nicht *abgebrüht* genug. Entsprechend empfinden und handeln wir. Bettinas Vater nannte sich selbst häufig einen *gemolkenen Ochsen*. *Kaiser Franz* suggeriert sich sicher selbst jeden Morgen vor dem Spiegel sein eigenes erhabenes Bild. Würde *er* sonst so majestätisch über den Golfplatz und durch die Medien stolzieren?

Auch das Bild, daß wir uns von unseren Partnern machen, steuert das, was wir fühlen und tun; es hat oft starke autosuggestive Wirkung. Diese Bilder stammen oft aus der Zoologie: Wenn jemand für uns *aalglatt* ist, haben wir Angst, daß er uns durch die Finger glitscht, wenn wir nicht sofort fest zudrücken oder ihn *festnageln*, zum Beispiel, wenn es um einen Vertrag geht. Einem *(schlauen) Fuchs* zollen wir zwar Bewunderung und beneiden ihn auch ein bißchen. Aber wir passen auch auf, daß er uns nicht – ohne daß wir das merken – die Gans aus dem Stall klaut. Und wenn unser Chef in unserer Vorstellung ein *scharfer Hund* ist, gehen wir auch so mit ihm um, wir vermeiden es, ihn zu reizen, warten jeden Moment darauf, daß er zubeißt, bringen uns in Sicherheit. Und vielleicht ist es gerade dieses Verhalten, das ihn ermutigt, den scharfen Hund zu spielen. Wieder ein Beispiel für die innige Verschränkung von Selbst- und Fremdsuggestion. Wenn unsere Liebste für uns ein *Häschen* ist, werden wir es streicheln und es ermuntern, immer niedlich, aber auch ein bißchen doof an unserer Seite durchs Leben zu hoppeln. Das kann langweilig werden. Vielleicht sind wir dann ganz überrascht, wenn unser kleiner Hase eines Tages seine scharfen Hasenzähnchen ausfährt und sie unerwartet in unsere Hand schlägt.

Situationen, die vor uns liegen, erscheinen uns oft als Metaphern. Aber wenn wir schon vor dem Gespräch mit dem Chef ein *Waterloo* erwarten, dürfen wir uns nicht wundern, wenn es auch eines wird, weil wir uns entsprechend verhalten. Wenn wir dagegen einen *heißen Tanz* erwarten, stellen wir uns vor, kräftig *mitzumischen*, und das gibt uns mit Sicherheit eine Menge Kraft. Auch ist es ein Unterschied, ob wir uns nach einer Kritik *zur Sau gemacht* oder nur *zur Brust genommen* fühlen.

Metaphern haben deshalb eine so starke autosuggestive Wirkung, weil sie ziemlich unvermittelt die Ideodynamik aktivieren. Arthur Lassen (1998, S. 11): «Das innere Bild, die Visualisierung, also das Denken in klaren, vollständigen Bildern, geht direkter in dein Unterbewußtsein über [...].» Deshalb sind alle die gut dran, die sich selbst klare, farbige, positive Bilder auf ihren täglichen Weg durchs Leben mitgeben können. *Das wird ein heißer Tanz* ist ein solch positives Bild. Auch *Da will ich kräftig mitmischen* und *Ich könnte Bäume ausreißen.*

Das Malen solch positiver Bilder gelingt nicht selten durch **Sinn-sprüche**. Sie sind häufig metaphorische Botschaften mit großer autosuggestiver Kraft. Zwei von ihnen hätten auch als Überschriften über diesem ganzen Kapitel stehen können:

*Eine helfende Hand findest du am Ende deines Armes.*

*Nicht der Wind, sondern die Segel bestimmen den Kurs.*

Wir würden gerne ergänzen: *Und diese Segel setzt und bedienst du.*

Wir fanden diese Sinnsprüche im oben zitierten Buch von Arthur Lassen, das eigentlich nur aus wirkungsträchtig gestalteten Anregungen zur Selbstsuggestion besteht. Lassen bezeichnet sich selbst übrigens als Motivationstrainer.

Auch die folgenden metaphorischen Sprüche mit autosuggestivem Potential entnahmen wir seinem Buch:

*Nimm dir Zeit, den Duft der Rosen zu genießen.*

*Wer schon auf dem Meeresgrund war, fürchtet sich nicht mehr vor Pfützen.*

*Eine Angewohnheit kann man nicht aus dem Fenster werfen. Man muß sie die Treppe hinunterboxen, Stufe für Stufe* (Mark Twain).

*Auch aus Steinen, die dir in den Weg gelegt werden, kannst du etwas Schönes bauen.*

Dieser Aphorismus von Erich Kästner könnte durchaus als wirksame «Aufbausuggestion» (gewissermaßen als Reframing) gegen das Katastrophenszenario einer mißglückten Prüfung gesetzt werden.

Besonders hübsch fanden wir die metaphorische Prognose, die eigentlich immer paßt: *Morgen gibt es Freibier!*

**Sprichwörter** sind häufig Metaphern mit zum Teil starker suggestiver Wirkung:

*Lügen haben kurze Beine.*

*Was ein Häkchen ist, krümmt sich beizeiten.*
*Glaube kann Berge versetzen.*
*Geld stinkt nicht.*

Wie bei der Fremdsuggestion können auch ganze Geschichten autosuggestive Kraft entfalten. Nicht nur Kinder leben sich in die Helden ihrer Lieblingsgeschichten hinein und handeln entsprechend. Als Astrid Lindgren ihre «Pippi Langstrumpf» veröffentlichte, war die Erwachsenenwelt nicht halb so begeistert wie die Kinder. Unzählige Mädchen gewinnen immer noch die unbändige Kraft für ihre erste Trotzphase aus den Geschichten dieser Göre mit den Sommersprossen und den roten Zöpfen.

Aber auch Horror- und Actionfilme bilden in der Vorstellung vieler Menschen sehr prägnant *die* Wirklichkeit ab, die sie umgibt. Und diese Wirklichkeit ist grausam und unerbittlich. Eine gefährliche Metapher, denn sie suggeriert, daß man nur überleben kann, wenn man sich genauso rücksichtslos zeigt und sich gegebenenfalls mit den gleichen Mitteln zur Wehr setzt wie die Helden im Film. Identifikation entfaltet autosuggestive Kraft.

Schauspieler gehen während der Proben so stark in ihre Rollen, daß sie sie auch im Alltag, zum Beispiel in der Familie, spielen. Der Ehemann einer Schauspielerin berichtet, daß er schwere Zeiten durchlebte, als seine Frau sich auf die Rolle der versoffenen und keifenden Frau Peecham in Brechts «Dreigroschenoper» vorbereiten mußte. Zum Glück ist er selbst Theatermann und konnte für sich diese Situation entsprechend «rahmen»: Seine Frau *war* eben während dieser Probenwochen in erster Linie Frau Peecham.

Damit sind wir auch schon im nächsten Abschnitt.

## 5. Rahmen setzen (Reframing)

Wenn ich ein Schlüsselwort oder eine Metapher über einen Abschnitt meines Lebens setze, schaffe ich mir damit eine bestimmte Sichtweise, einen Rahmen für meine Empfindungen und Handlungen.

Ich kann mein Tennisspielen als *Spaß* oder als *Leistungssport* sehen. Ich kann das problematische Gespräch mit meinem Chef in den Rahmen *Waterloo* stellen, es aber auch als *heißen Tanz* prognostizieren. Und es ist ein Unterschied, ob ich mich hinterher *zur Sau gemacht* fühle oder *durch den Wolf gedreht* oder *den Kopf noch oben trage*.

Schlüsselwörter und Metaphern ermöglichen mir Rahmungen oder, wie wir es in Kapitel 2 genannt haben: Reframings.

Und dieser Rahmen, den ich mir schaffe, um ein Ereignis zu verarbeiten oder vorzubereiten, bestimmt meine Empfindungen und meine weiteren Handlungen.

Peter Hartmann ist nach der Probezeit entlassen worden. Mit Hingabe hatte er seine Arbeit als Pfleger gemacht. Aber immer wieder kam er mit seiner Art zu denken und zu handeln in Konflikt mit seinen Vorgesetzten.

Nun könnte er diese Entlassung als Niederlage, als Scheitern sehen und sich selbst als Versager. Kein Wunder, daß er sich in diesem Rahmen am Boden zerstört fühlen müßte, wie gelähmt, mutlos, daß er sich zunächst einmal verkriechen würde in Schmerz und Selbstzweifeln.

Oder aber er erlebt seine Kündigung als Zeichen dafür, daß er sich den falschen Beruf ausgesucht hat. Er war Pfleger geworden, weil er Ideale hatte, weil er Menschen wirklich helfen wollte, je nach ihren persönlichen Bedürfnissen. Aber diese Ideale scheinen nicht mehr gefragt zu sein. Individualität und Kreativität wird unter Vorschriften und der Hektik des Alltags begraben. Dieser Rahmen führt dazu, daß Peter nur noch wütend ist. Am besten, er hängt das Ganze an den Nagel und schult um: Computerfachmann, da geht es wenigstens nicht um Menschen.

Oder er begreift diese Zeit im Altenheim als wichtige Erfahrung und seine erste Entlassung als Chance, sich wieder neu zu orientieren, sich dabei aber gründlich umzusehen. Es muß doch im Bereich der Pflegedienste Institutionen geben, in denen er das verwirklichen kann, was er als seine Berufung sieht. «Am besten, ich sag in den Bewerbungsgesprächen gleich, warum die mich nicht behalten wollten. Dann merke ich ganz schnell, ob ich hier richtig bin.»

*Wer weiß, wozu das gut ist?* Eine häufig gebrauchte Floskel, wenn wir nach einer Enttäuschung für uns selbst ein positives Reframing versuchen. Wer weiß, wozu das gut ist, daß wir für den geplanten Urlaub in Andalusien keinen Flug mehr bekommen haben und jetzt mit Tunesien vorlieb nehmen müssen? Wir waren ja schon in Andalusien. Nach Tunesien wären wir sonst nie gekommen.

*Sieh es doch mal mit anderen Augen.* Das ist eine andere Formel, die wir uns aufsagen, wenn wir uns zu einem Reframing bewegen wollen. Manchmal fällt es uns sehr schwer, uns aus dem gewohnten Rahmen zu lösen und etwas mit anderen Augen zu sehen. Aber es lohnt sich. Ein lange geplanter Wochenendausflug fällt buchstäblich ins Wasser. Nicht toll, aber ausschlafen und stundenlang lesen ist auch was Schönes.

Als Chef einer kleinen Werbeagentur habe ich nur Streß, muß permanent ranklotzen, bewege mich trotzdem dauernd am Abgrund. Wenn ich das mit anderen Augen sehe, kann ich sagen: Keiner redet mir rein; eigentlich kann ich kommen und gehen, wann ich will.

Besonders schwer fällt uns ein Reframing bei Dingen, die wir offensichtlich nicht selbst in der Hand haben, zum Beispiel gesundheitliche Probleme. Wir erleben sie meistens als sehr diffus, angstbesetzt, als etwas, was uns von draußen anfällt, ohne daß wir uns dagegen wehren können, als etwas, was eigentlich gar nicht zu uns gehört.

Erfahrene Ärzte, die etwas von Suggestion und ihrer möglichen heilenden Wirkung verstehen, versuchen hier ein Reframing, wenn sie uns raten: «Begreif die Krankheit als eine Botschaft deines Körpers. Höre ihm zu.»

Hanne Seemann stellt in ihrem Buch «Freundschaft mit dem eigenen Körper schließen» (1998) auf eindringliche Weise dar, wie hilfreich es sein kann, gewissermaßen Zwiesprache mit seinem Körper zu führen: «*Sie* können zwar entscheiden, ob etwas gesund ist, *Sie* können auch feststellen, ob *Sie* es mögen, aber ob *er* es auch mag, danach sollten Sie *ihn* fragen. [...] Das ist die beste Möglichkeit, dem Körper zu versichern, daß man gewillt ist, auf ihn zu hören.

Wenn es ihm aber schlechtgeht, dann soll er klagen dürfen, und wir sollten ihm zuhören. Vielleicht müssen wir ihm gar nicht (gleich) helfen. Vielleicht will er nur angehört werden. Vielleicht genügt es, sich hinzulegen, ihm Ruhe zu geben, ihm ein Halstuch umzubinden und ihn zu fragen, ob er gern einen heißen Kakao hätte. Es lohnt sich aber auch, darauf zu achten, was er sagt, wenn es ihm *gut*geht. Oder zu fragen: Geht es uns gut miteinander? Vermutlich würde er dann eher den Mut haben zu sagen: ‹Nicht so ganz, ich hätte da einen Vorschlag zu machen. Ich ginge ganz gern mal wieder in die Sauna.› [...]

Falls sich Ihr Körper jedoch feindselig benimmt, Sie quält oder so tut, als wären Sie gar nicht da, so können Sie daraus schließen, daß er vielleicht von Ihnen enttäuscht ist. [...] Dann ist es höchste Zeit, sich Gedanken zu machen, wieder Kontakt aufzunehmen, sich einander anzunähern und wieder miteinander Freundschaft zu schließen» (S. 26 f.).

Wir haben dieses lange Zitat nicht nur deshalb gebracht, weil es ein schönes Beispiel ist für ein Reframing, sondern weil es sich lohnt – wie wir meinen –, sich langsam in diesen sicher nicht sehr vertrauten Bezugsrahmen «*Ich* (als bewußt Handelnder) und mein Kommunikationspartner *Körper* (als Funktionssystem)» hineinzufinden.

Vielleicht sagen auch Sie jetzt: «So habe ich das noch nicht gesehen.» Vielleicht kann ein solches Reframing ja dazu dienen, daß Sie eine gesundheitlich instabile Situation (Fieber, Hexenschuß, nervöse Kopfschmerzen) anders, eben prägnanter erleben und besser damit umzugehen wissen.

Noch schwieriger ist ein solches Reframing, wenn das gesamte Umfeld es gewissermaßen durch eine kollektive Einstellung blokkiert.

Alkoholabhängigkeit ist in der Vorstellung vieler nicht nur eine massive Charakter*schwäche*, sondern geradezu ein charakterliches *Delikt*. Ein Säufer ist ein kaputter Mensch, und daß er so kaputt ist, daran ist er selber schuld. Ein Alkoholiker lernt zwar in der Therapie, seine Abhängigkeit als unheilbare Krankheit zu begreifen, eine Krankheit, die eine Macht hat, die stärker ist als er. Er lernt, daß seine Verantwortung darin liegt, dieser Macht keine weitere Chance zu geben, niemals mehr in seinem Leben. Aber diesen Rahmen, der es ihm möglich macht, trocken zu bleiben, muß er nach der Therapie, also «draußen», immer wieder verteidigen gegen den Rahmen vieler Mitmenschen: «Du bist doch jetzt geheilt, da wirst du doch wieder ein Schlückchen vertragen. Oder bist du so (charakter-)schwach, daß du gleich wieder anfängst zu saufen?»

Hier stehen sich zwei unterschiedliche Rahmen geradezu feindlich gegenüber:

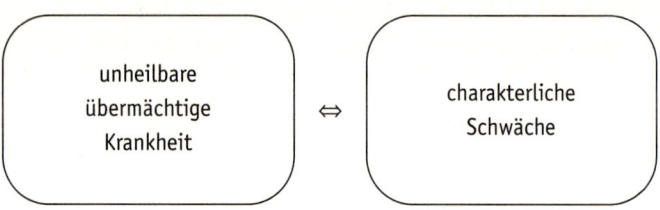

Da wird es dem Alkoholkranken jeden Tag schwer, seinen Rahmen, seine Perspektive zu behaupten, vielleicht sogar den Partnern zu erläutern. Und weil das so schwer ist, ziehen sich viele aus gesellschaftlichen Aktivitäten wie Feiern mit Freunden zurück.

In diesem Abschnitt wollten wir zeigen, wie Sie Ihre Empfindungen und Handlungen weitgehend dadurch bestimmen, daß Sie für das, was gewesen ist, und das, was noch kommt, bestimmte Rahmen setzen, sich also bestimmte Sichtweisen schaffen.

Arthur Lassen hat auf einer der ersten Seiten seines schon mehrfach erwähnten Buches «Heute ist mein bester Tag» einen Spiegel eingeklebt. Darunter steht der Satz: «Hier siehst du den Menschen, der für dein Leben verantwortlich ist.»

Ein sehr brauchbarer Rahmen, finden Sie nicht auch?

## 6. Nullpunkt verschieben

Eine weitere Möglichkeit, mir selbst einen positiven Betrachtungsrahmen zu schaffen, ist das Verschieben des Nullpunkts. Es ist immer noch besser, statt nach Andalusien nach Tunesien zu fliegen, als gar nicht zu verreisen.

Ein Totalschaden ist leichter zu verschmerzen, wenn wir bei einem schweren Unfall mit ein paar Schrammen davongekommen sind. Es ist oft eine sehr heilsame autosuggestive Methode, sich das größere Übel vorzustellen, damit man das kleinere besser akzeptieren kann.

Das größere Übel wäre für Peter Hartmann gewesen, wenn er noch länger in diesem Altenheim geblieben wäre, in dem er all seine Ideale hätte über Bord werfen müssen. Das kann nur besser werden.

Wer schon auf dem Meeresgrund war, fürchtet sich nicht vor Pfützen.

Umgekehrt: Wenn die Soldaten der KFOR-Truppe nach Deutschland zurückkehren, werden sie unter Umständen den Alltag hier als eher langweilig empfinden, gemessen an dem, was sie im Kosovo erlebt haben. Der Umgang mit Tod und Gefahr war dort alltäglich. Ihre Maßstäbe haben sich dadurch verändert. In unserer Terminologie: Ihr Nullpunkt hat sich verschoben. Es wird lange dauern, bis sich dieser Nullpunkt, also ihr tägliches Erleben und gewisse Normen, wieder dem angeglichen hat, was sie umgibt.


## 7. Paraphrasieren

Die vorletzte Methode zur Selbstsuggestion, die wir Ihnen hier vorstellen wollen, kennen wir auch schon aus Kapitel 2: Die Paraphrase.

Sie erinnern sich: Ich wiederhole das, was mein Partner gesagt hat, mit eigenen Worten und suggeriere ihm damit Zugehörigkeit, aber auch Prägnanz, indem ich Mißverständnisse ausschließe.

Wenn ich mir nun selbst die Äußerung meines Partners – seine Meinung, einen Auftrag – mit eigenen Worten wiederhole («Was hat er gesagt?»), geht es mir also in erster Linie um das Herstellen von Prägnanz.

Eine solche Paraphrase kann schon recht vordergründig suggestiv wirken: Ich beschäftige mich mit dem, was er meint oder will, seine Idee bekommt in mir Gestalt, wird prägnanter, es fällt mir eventuell leichter, entsprechend zu reagieren.

Es kann aber auch sein, daß ich durch die Klarheit, die der Gedanke des anderen in mir gewinnt, in meiner eigenen Meinung verunsichert werde und sie kritisch überdenke. Ich betrete gewissermaßen die Erlebniswelt des anderen ohne Vorurteil (Rogers 1976, S. 37). Der Sozialpsychologe Hovland (1969, S. 299) hat in entsprechenden Experimenten herausgefunden: «Die Aufgabe, eine Mitteilung anderer in (eigene) Worte zu fassen, schließt eine Ich-Beteiligung ein und erhöht so wahrscheinlich die Aufmerksamkeit für ihren Inhalt, was wiederum die Chance verbessert, daß man darüber nachdenkt und davon beeinflußt wird.»

Aber gehen wir noch einen Schritt weiter. Bevor Peter Hartmann seine Kündigung bekam, gab es einige Auseinandersetzungen, vor allem zwischen ihm und dem Heimleiter Herrn Kubicki. Hier ein kleiner Ausschnitt aus einer der «Ansprachen» von Herrn Kubicki:

Also, Herr Hartmann, es zeugt für mich von einer unerträglichen Dämlichkeit und Dickfelligkeit, sich immer wieder den Anordnungen der Ärzte und der Oberschwester zu widersetzen.

Diesen Satz hat Peter Hartmann inzwischen häufiger wiederholt, in Gesprächen in der Familie oder mit Freunden. Für sich selbst hat er aber bei dieser Paraphrase die «unerträgliche Dämlichkeit und Dickfelligkeit» ersetzt durch «unzulässige Eigenverantwortlichkeit». So macht der Rüffel des Heimleiters für ihn Sinn, und so versteht er, was Herr Kubicki eigentlich will: Unterordnung und das Gehirn abschalten.

Wie oft wiederholen wir das, was der andere gerade gesagt hat, um ihm für uns einen Sinn zu geben. Und wie oft verändern wir dabei das Gehörte oder interpretieren es um, um es für uns erträglicher zu machen, um nach einem Niederschlag das Gefühl nicht zu verlieren, daß der Kopf noch oben sitzt.

Vor allem nach Gesprächen, die für uns existentiell sehr wichtig sind, versuchen wir, uns möglichst genau an den Wortlaut dessen zu erinnern, was der andere gesagt hat. Nach einem Vorstellungsgespräch ist uns der letzte Satz des Personalchefs noch im Gedächtnis. Was hat er gesagt?

Ich denke, das war ein gutes Gespräch, Herr Hartmann.

Wir melden uns dann bei Ihnen.

Hat er nicht sogar gesagt: «ein *sehr* gutes Gespräch»? Oder: «ein *vielversprechendes* Gespräch»? So suggerieren wir uns Hoffnung und ein bißchen Prägnanz.

Oder unser Arzt sagt nach einer wichtigen Untersuchung:

Toll sieht das nicht aus mit Ihrem Kreislauf. Und wenn Sie weiter so rauchen, werden Sie das Problem sicher nicht los.

An diesen Satz können wir uns sicher noch in vier Wochen erinnern. Aber wie? Und wie legen wir ihn aus? Heißt «toll sieht das nicht aus», daß wir ernsthaft krank sind? Oder daß es zwar nicht optimal, aber auch nicht beunruhigend ist? Bedeutet der Hinweis aufs Rauchen, daß es unseren Kreislauf ganz zusammenbrechen und uns ins Grab bringen kann? Oder daß wir unser Rauchen einschränken sollen? In welchem Tonfall hat er das gesagt? Mehr locker, spöttisch? Oder ernst und drohend?

Keine Angst. Wir suggerieren uns schon die Bedeutung, die Prägnanz, die wir brauchen.

Ein Kabarettist liest in einer Kritik zu seinem Soloprogramm folgendes Fazit:

Sein Programm kam doch in manchen Nummern ziemlich hausbacken daher. Phasenweise pendelte es zwischen Stammtisch und Helau. Immerhin: Das Publikum schien's zu freuen. Es verlangte drei Zugaben.

Diese Passage wird er mit Sicherheit wieder und wieder in seinem Kopf hin und her wälzen. Was meint der Autor mit «ziemlich hausbacken»? Platt oder bieder oder ohne Schwung? Wahrscheinlich fehlte ihm die politische Aktualität? Aber doch nur «in manchen Nummern». Ist ja auch schwer, die Partei, die ich gewählt habe, in die Pfanne zu hauen. Und noch so kurz nach dem Regierungswechsel. Einige Nummern müssen ihm aber gefallen haben. Und was heißt «zwischen Stammtisch und Helau»? Habe ich irgendwelche Kalauer im Programm? Klar, ich will die Leute zum Lachen bringen. Aber doch mit hintergündigen Anspielungen. Wahrscheinlich hat dem Kritiker – «phasenweise» (so schreibt er ja) – die Richtung nicht gepaßt, die ich vertrete.

Also paraphrasiert unser Kabarettist für sich diese Passage wie folgt:

Sein Programm war hin und wieder nicht ganz so aktuell, wie wir es sonst von ihm kennen. Kein Wunder, so kurz nach dem Machtwechsel. Ich ganz persönlich fand einige Pointen nicht ganz stimmig und etwas zu karnevalistisch. Aber das Publikum war anderer Meinung und feierte ihn mit drei Zugaben.

So bekommt er seinen Seelenfrieden wieder und befriedigt sein Zugehörigkeitsbedürfnis.

## 8. Nichtverbale Mittel

Dieser Abschnitt schließt unmittelbar an unsere Überlegungen über Sprechausdruck und Körpersprache (S. 133–150) an. Aber wir können es ja nicht gut «Körpersprache» nennen, wenn wir uns selbst durch unsere Körperhaltung, unsere Mimik etwas zu suggerieren versuchen. Und das tun wir häufig, bewußt oder unbewußt, teilweise auch mit Erfolg.

«Versuch doch mal zu lächeln»: Wenn wir dieser Aufforderung unseres Partners nachkommen, auch wenn uns im Augenblick gar nicht zum Lächeln zumute ist, kann es durchaus passieren, daß sich unsere Bedrückung löst.

Es ist aber nicht unbedingt nötig, daß uns jemand zum Lächeln auffordert. Stellen Sie sich ruhig einmal vor den Spiegel, und lächeln Sie sich zu. So gelingt es schon mal, trübe Gedanken zu vertreiben.

Allerdings soll hier nicht der Eindruck entstehen, daß man mit einem Lächeln Wunderdinge vollbringen kann. Trauer und Bedrückung lassen sich kaum mit einem Lächeln heilen. Auch über viele andere Dinge kann man kaum «mit einem Lächeln hinweggehen».

Dennoch: *Lächeln* Sie häufiger. Das kann Sie von innen erleuchten.

Nicht nur unser Lächeln, also unsere Mimik, birgt autosuggestives Potential, sondern auch unsere Körperhaltung.

Da ist das unangenehme Gespräch mit Ihrem Chef. Aber Sie richten sich vor seiner Tür bewußt auf, machen sich gewissermaßen größer, spüren, wie Sie an Sicherheit gewinnen, die Situation prägnanter wird.

Umgekehrt: Nehmen wir an, dieses Gespräch ist schlecht gelaufen. Sie hocken enttäuscht auf Ihrem Stuhl, Ihr Körper rutscht zusammen, Sie lassen sich im wahrsten Sinne des Wortes «hängen». Diese Haltung ist nicht nur Ausdruck Ihrer Empfindung, sie kann diese Empfindung zusätzlich verstärken. Sie suggeriert Ihnen: Nichts geht mehr. Sie resignieren.

Anders die geballte «Becker-Faust». Sie war nicht nur ein Zeichen für Triumph, mit ihr suggerierte «unser Boris» sich selbst Kraft nach dem Motto: «Jetzt geht's los!»

**Mit Körperspannung und Körperhaltung können wir unsere innere Haltung beeinflussen.**

Schauspieler nehmen eine bestimmte Haltung ein, um die Empfindungen der Person nacherleben zu können, die sie spielen wollen. Aus dieser Körperspannung ergibt sich dann auch sehr leicht der angemessene Sprechausdruck.

Probieren Sie es selbst aus: Setzen Sie sich zusammengesunken auf einen Stuhl, und versuchen Sie aus dieser Haltung kräftig, mit Nachdruck und Überzeugung zu sagen: «Mir geht es richtig gut!» Es wird immer etwas gequält klingen. Oder?

Auch der Sprechausdruck selbst kann autosuggestive Wirkung haben. Sie stehen vor einer Prüfung oder einem anderen Gespräch, das für Sie sehr wichtig ist, und sind schrecklich aufgeregt. Versuchen Sie zu Beginn dieses Gesprächs möglichst langsam zu sprechen, so leise, wie es die Situation zuläßt, und ihre Stimme möglichst tief zu halten (ohne zu brummeln oder zu knödeln). Sie werden sich wundern, wie rasch diese ruhige Art zu sprechen auch Sie selbst beruhigt. Abgesehen davon, daß auch der Partner das Gefühl hat, Sie seien sicher und ruhig.

**Noch einmal: Der Zusammenhang von Fremdsuggestion und Selbstsuggestion.**

Wir haben zu zeigen versucht, wie eng Fremdsuggestion und Selbstsuggestion aufeinander bezogen sind. Wenn wir in einem

Gespräch einen Suggestionsversuch starten, haben wir nur dann Erfolg, wenn wir damit eine Selbstsuggestion auslösen.

Aber auch umgekehrt gilt dieser Zusammenhang: Die Haltung, die ich mir selbst suggeriere, überträgt sich im Gespräch auch auf den Partner.

Vielleicht gehören Sie zu den Menschen, die wissen, daß es ihnen leicht fällt, andere für sich einzunehmen. Oder Sie machen häufig die Erfahrung, daß man das, was Sie sagen oder wollen, ignoriert oder ablehnt. Wie sieht dabei das Bild aus, mit dem Sie in ein Gespräch gehen? Tragen Sie bereits die feste Vorstellung in sich, daß die Sache klappen wird? Oder sind Sie fest davon überzeugt, daß es auch diesmal schiefgehen wird?

Diese Bilder drücken sich aus in Ihrer Sprache und Ihrem Sprechverhalten: in Ihrer Stimme, Ihrer Mimik und Gestik, in Ihrer Körperhaltung.

Wenn Sie Ablehnung erwarten, könnte es sein, daß Ihre Stimme fordernd klingt, daß die Falte über Ihren Augen ein klein bißchen tiefer ist als sonst, die Lidspalte etwas enger, und daß auch Ihre Worte eine apodiktische Forderung ausdrücken und nicht Überzeugung und die Erwartung von Kooperation und Akzeptanz. Kein Wunder, daß Sie Widerstand auslösen.

Das Bild, das Sie sich vorher machen, wird die Stimmung und den Ablauf des Gesprächs beeinflussen. Bettina sagt zu Nils:

Wir müssen übrigens noch mal über Geld sprechen. Das wird sicher wieder Ärger geben.

Da ist natürlich ein stimmungsvolles Gespräch zu erwarten. Anders war es bei Karen – Sie erinnern sich? –, als sie Herrn Schmieder von den Stadtwerken dazu brachte, noch am Freitagnachmittag den Gasanschluß bei Torsten zu organisieren. Sie wußte genau: Das schaff ich. Ihre überlegene Ruhe machte für Herrn Schmieder die Situation ziemlich diffus.

Alf könnte keinen Auftrag an Land ziehen, wenn er nicht in jedes Kundengespräch mit einer festen Vorstellung gehen würde: Er sieht den anderen vor sich, wie er aufmerksam zuhört und schließlich zustimmt.

Das folgende Beispiel konnten wir uns einfach nicht verkneifen:

Ihre Lügen haben nur dann kurze Beine, wenn Sie selbst nicht an deren Wahrheit glauben. Wenn Sie sich aber ein prägnantes, stimmiges Bild von dem Gelogenen machen, so daß Sie es schließlich selbst glauben ... Wer soll dann an Ihnen zweifeln?

# Alltägliche Begegnungen mit einer heimlichen Macht

Wir haben Ihnen in den vorangegangenen Kapiteln gezeigt: Suggestion ist alltäglich und allgegenwärtig – beim Zahnarzt, im Betrieb, am Abendbrottisch, im Kaufhaus; in Gesprächen, beim Lesen und Zuschauen. Bilder, die andere Menschen in uns aufbauen, Vorstellungen, die wir in anderen oder in uns selbst entwickeln, bestimmen die Dynamik unseres Handelns, Denkens und Empfindens.

In diesem letzten Kapitel wollen wir Sie gewissermaßen mitnehmen in die Alltäglichkeit der Suggestion, in Situationen des täglichen Lebens unserer Durchschnittsfamilie Hartmann. Sie werden all diese Situationen kennen oder wiedererkennen. Und Sie werden auch die Strategien wiedererkennen und das theoretische Grundmuster, das diese Strategien in diesen Situationen wirksam werden läßt. Aber wir hoffen, daß Sie dennoch beim Lesen häufiger sagen: «Ach, so ist das.» Oder: «Da also auch.»

## 1. Bettina geht einkaufen

Bettina Hartmann bummelt durch die Fußgängerzone. Sie weiß nicht genau, was sie kaufen will oder ob sie überhaupt etwas kaufen will. Aber da ist diese nette Boutique. Die hat immer ein paar Sonderangebote. Da hat Bettina schon häufig etwas entdeckt. Bei diesen Sonderangeboten gibt es keine klare Ordnung: Hosen hängen neben Röcken, eine kleine Bluse dazwischen.

Aber dieser Mangel an **Prägnanz** verführt Bettina jedesmal dazu, «kurz einmal durchzuschauen», hier einen Bügel herauszuziehen und dort einen anderen. Meist werden dann Wünsche wach, eine gewisse Prägnanz entsteht, ein Bild von sich selbst in dieser Bluse, vielleicht auf dem Sommerfest bei Alf oder auch im Urlaub, abends mal. Und sie hat ja auch diesen leichten Sommerrock, da würde diese Bluse ... Leider ist sie nicht in ihrer Größe da. Aber man könnte ja mal beim regulären Angebot ... Die ist ja noch schöner! Und dazu dieses kleine Tuch ... Die Verkäuferin hilft Bettina nicht bei dieser «Phantasiereise», in der **prägnante** (**prognostische**) **Bilder** entstehen. Aber sie wundert sich auch nicht, wenn Bettina drei Blusen zum Anprobieren in die Kabine trägt und das Tuch auch mit hineinnimmt. Kundinnen, die «nur mal eben so vorbeischauen», müssen ihre eigenen Wünsche entdecken, wir können sagen: Prägnanz finden. Einmischung könnte bei Bettina das **Bedürfnis nach Abgrenzung** wecken und Widerstand erzeugen. Allenfalls fragen Verkäuferinnen zwischendurch: «Kann ich helfen, oder suchen Sie sich selber etwas aus?»

Der zweite Teil dieser Frage enthält die **Implikation** «Sie suchen sich selbst etwas aus» und befriedigt damit das Bedürfnis nach **Selbständigkeit und Abgrenzung**.

Als Bettina einmal bewußt etwas gesucht hatte, diesen Hosenrock, den Nils inzwischen so liebt, lief das etwas anders. Sie trat in den Laden und sah sich suchend um, trat an einen Ständer ... nein, da hingen Kleider. Sie stand etwas hilflos da, blickte zur Verkäuferin hinüber. Die hatte bewußt gewartet, hatte Bettina zunächst in der stärker werdenden **Konfusion** allein gelassen. Bewußter Einsatz der Konfusionstechnik? Aber dann trat sie rasch auf Bettina zu und fragte freundlich: «Kann ich Ihnen helfen?» Wir wollen die Frage in unsere Terminologie übersetzen: «Soll ich diese diffuse Situation für Sie prägnant machen?» Und das gelang dann auch durch eine gute Beratung, die Bettina jederzeit das Gefühl vermittelte, hier mit ihren persönlichen Wünschen gut aufgehoben zu sein, sagen wir es anders: ihr **Bedürfnis nach Zugehörigkeit und Anerkennung** befriedigt zu sehen.

Bummeln wir mit Bettina weiter. Schlendern wir durchs Kaufhaus am Markt. Verwirrende Vielfalt. Für **Prägnanz** sorgen die Schilder mit den Sonderangeboten. Durch die **Verschiebung des Nullpunkts** «Statt 6,60 DM jetzt 4,99 DM» entsteht bei Bettina die Vorstellung vom besonders günstigen Einkauf, vom «Schnäppchen». Auch die Stimme aus dem Lautsprecher schafft Prägnanz: «Heute im Angebot ...» Die Stimme klingt meistens voll, der Sprechfluß ist ruhig. Das Gesagte wirkt kompetent, sympathisch. Und dann ist da die sanfte Musik. Sie begleitet Bettina bei Ihrem ziellosen Bummeln an den Verkaufsständern entlang, macht, daß sie sich irgendwie wohl fühlt, irgendwie zu Hause. Sie merken es: Auch hier wird das **Zugehörigkeitsbedürfnis** aktiviert. Das Riesenkaufhaus hat nicht nur Kalbsleber oder Oberhemden mit Button-up im Angebot, sondern auch Geborgenheit.

Die spürt Bettina übrigens immer, wenn sie in das Wäschegeschäft in der Jüdenstraße geht. Da kennt man sie, da tritt Frau Kleinert auf sie zu und begrüßt sie mit ihrem Namen: «Guten Tag, Frau Hartmann, was können wir für Sie tun?» Wenn Bettina Wäsche braucht, kommt nur dieses Geschäft in Frage. Und sie fragt nach Frau Kleinert. Die berät sie ganz persönlich, da hat sie

Vertrauen. Wenn Bettina dieses Buch gelesen hätte, würde sie vielleicht darauf achten, ob Frau Kleinert bewußt versucht, sie zu **spiegeln**, oder an welchen Stellen sie ihre **zustimmenden Äußerungen** plaziert:

Das finde ich auch, Frau Hartmann.

Da haben Sie ganz recht, Frau Hartmann.

Aber auch wenn sie sich das bewußt machen würde, wäre ihr diese Zuwendung nicht weniger angenehm. Klar, sie zahlt hier immer etwas mehr als im Kaufhaus, aber die persönliche Betreuung ist es ihr wert. Gerade in Branchen, in denen das Vertrauensverhältnis zwischen dem Kunden und dem Verkäufer sehr wichtig ist – beim Kauf von Autos oder Bekleidung –, setzt es sich immer mehr durch, daß die Verkäuferin oder der Verkäufer sich vorstellen und höflich nachfragen: «... und wie darf ich Sie ansprechen?» Wenn uns während eines Verkaufsgesprächs jemand mit unserem Namen anspricht, fühlen wir uns in hohem Maße akzeptiert, es entsteht eine Nähe, damit ein Vertrauensverhältnis, dem wir uns kaum entziehen können.

Verlassen wir Bettina und wenden wir uns Nils zu.


## 2. Nils lernt Radfahren

Nils Hartmann erinnert sich noch gut. Als er fünf Jahre alt war, wollte er Radfahren lernen wie sein Bruder Michael. Der war allerdings auch schon neun. Und weil er natürlich noch kein eigenes Fahrrad besaß, probierte er es mit dem Fahrrad seines Bruders. Das war zwar ein bißchen groß für ihn, aber Michael erklärte sich bereit, das Rad am Sattel festzuhalten, während Nils sich auf die Pedale stellte und den Lenker faßte. Er begann dann auch in die Pedale zu treten. Das Fahrrad rollte, Michael lief noch ein Stück mit. Dann ließ er los. Fünf, sechs Meter rollte das Fahrrad noch, aber dann … zack … lag Nils auf der Nase. Ein neuer Versuch, das gleiche Ergebnis. Nach dem vierten Versuch aufgeschlagene Knie, vor allem aber ein angeschlagenes Selbstbewußtsein und die Überzeugung: «Ich kann nicht Fahrrad fahren.» Die Folge: Er machte in den nächsten Jahren keinen einzigen Versuch mehr, auf ein Fahrrad zu steigen.

Dieser Satz: «Ich kann nicht Fahrrad fahren» war für Nils zu einem **autosuggestiven Glaubenssatz** geworden. Er verallgemeinerte diese punktuelle Erfahrung intuitiv – wie alle Kinder seit ewigen Zeiten ihre Einzelerfahrungen verallgemeinern. Das ist für Kinder eine höchst ökonomische Methode, sich ganz schnell ein halbwegs zutreffendes Bild zu schaffen von sich selbst und der Welt um sie herum. Einmal entdeckt, wie der Lichtschalter zu betätigen ist, «weiß» das Kind intuitiv, daß alle Lichtschalter so funktionieren. Meistens stimmt das ja auch. Deswegen ist diese Art der Verallgemeinerung im allgemeinen sehr effektiv. Nur manchmal eben nicht, so wie bei Nils mit seiner Verallgemeinerung, er könne für immer und ewig nicht Radfahren. Solange Nils an die Gültigkeit dieses Satzes glaubte, wirkte er als **negative Prognose**.

Es hätte noch viele Gelegenheiten gegeben, es wieder zu versuchen. Aber jedesmal sah er vor seinem inneren Auge das Bild des umgefallenen Fahrrads und seiner blutenden Knie. Also glaubte er von vornherein zu «wissen», daß jeder Versuch scheitern würde.

Aber die Überschrift zu dieser Geschichte lautet ja: «Nils lernt Radfahren». Also geht sie noch weiter.

Nils wurde älter, zehn, elf, zwölf Jahre alt, und inzwischen fuhren fast all seine Klassenkameraden und Freunde mit dem

Fahrrad durch die Gegend. Und das schien ihnen mächtig Spaß zu machen. Sein Freund Andreas zum Beispiel drehte fast jeden Nachmittag auf dem großen Parkplatz seine Runden. Er hatte zwar nur das alte Damenfahrrad seiner Mutter. Aber er konnte damit sogar schon freihändig fahren. Nils beobachtete das sehr genau. Er sah die Bewegungen seines Freundes mit dem Fahrrad, er hörte die charakteristischen Geräusche der rollenden Reifen auf dem Asphalt, das Klappern des losen Schutzblechs. Er sah und hörte, welchen Spaß Andreas auf seinem Fahrrad hatte. Himmel, wie schön mußte es sein, das auch zu können. Dieses Gefühl begann ihn mehr und mehr zu beherrschen. Nach außen versteckte er es: «Fahrradfahren ist nicht mein Ding. Es interessiert mich überhaupt nicht.» Aber wenn er abends im Bett lag, träumte und phantasierte er sich gewissermaßen in Andreas hinein, erlebte das tolle Gefühl der Freiheit auf dem Fahrrad, malte sich jede einzelne Empfindung aus, den Fahrtwind auf der Haut, die Bewegung der Beine, hörte geradezu das Klappern des losen Schutzblechs, das Geräusch der Reifen und das Knarren der rostigen Kette an dem alten Fahrrad, das Andreas da so munter über den Parkplatz bewegte. Er sah vor seinem inneren Auge den Boden, auf dem er fuhr, sah das sich drehende Vorderrad, seine Hände am Lenker, fühlte das geriffelte Gummi in den Handflächen. Manchmal sah er sich auch von außen zu, als Zuschauer, wie er mit dem Fahrrad fuhr, ganz sicher, und freihändig fahren konnte er auch. Und während er sich so selbst zuschaute, genoß er dazu noch die Bewunderung der anderen Kinder.

Diese prägnanten Bilder wirkten ähnlich wie **Metaphern,** lebende Metaphern gewissermaßen. Durch sie schlich sich die Idee, die Vorstellung: «Ich werde Fahrrad fahren können» in seine Gedanken ein. Bald wurde aus dieser **Prognose** eine **Fiktion.**

Er tat zunächst nur so – in der Phantasie –, als ob er schon Fahrrad fahren könnte. Inzwischen nicht nur abends im Bett. Wenn er über den Hausaufgaben saß, schweiften seine Gedanken ab. Dann saß er auf dem Rad. Und irgendwann tat er nicht nur so, sondern **erlebte** in seiner Phantasie, wie er **wirklich** Fahrrad fahren konnte. Ohne daß Nils es merkte, **lernte** sein Unbewußtes dabei. Im Gehirn entstanden durch die ständige Aktivierung bestimmter Vorstellungen – hier des Radfahrens – die für ihre Realisierung notwendigen Nervenverbindungen. So wie Muskeln wachsen, wenn wir sie immer wieder stimulieren, so wachsen auch Verbindungen zwischen Nervenzellen im Gehirn durch entsprechend häufige Stimulation.

Ein weiteres suggestives Stimulans kam hinzu: Er wollte endlich dazugehören. Je mehr Kinder in seiner Umgebung mit ihren Fahrrädern durch die Gegend kurvten, desto mehr fühlte er sich als Außenseiter.

Dieses **Bedürfnis nach Zugehörigkeit** zur Clique war schließlich die Voraussetzung dafür, daß nun das **ideodynamische Prinzip** seine volle Wirksamkeit entfalten konnte.

Nils behauptete inzwischen anderen gegenüber, er könne Fahrrad fahren. Und er wußte inzwischen, daß er es konnte. Er mußte es nur tun. Und zwar bald.

Im Juli – die Sommerferien hatten gerade begonnen – hielt er es eines Tages nicht mehr aus. Er holte das alte Fahrrad seiner Mutter vom Dachboden. Er putzte und wienerte es, er flickte mit viel Mühe ein Loch im Schlauch – es war ja das erste Mal. Dann kam der kritische Augenblick. Er stand mit dem Fahrrad am Straßenrand. Aber allein. Ein bißchen spürte er noch die **Spannung zwischen Fiktion und Realität**. Er hatte sich überlegt – und tat das dann auch –, daß es gut sein würde, die Pedale vor dem Start in eine waagrechte Position zu bringen. Er hatte sich das in seinen Phantasien so vorgestellt. Dann würde das Fahrrad schon gleich am Anfang ein Stück rollen, und er würde etwas mehr Zeit haben, den rechten Fuß auf das andere Pedal zu bringen. Dann konnte er lostreten. Und würde erst mal ein bißchen Schwung bekommen. Naja, und dann fuhr er. Er fuhr. Weiter und weiter fuhr er. Erst war er nur überrascht. Und dann war er nur noch glücklich.

Aus dem «Als-ob» war Wirklichkeit geworden.


### 3. Opa Hartmann ist immer gesund

Nils Hartmanns Vater ist 84 Jahre alt geworden und erfreut sich, wie er selbst sagt, «bester Gesundheit». Seine Hausärztin, Frau Dr. Dreißigacker, bekommt ihn nur selten zu sehen. Zuletzt war er da, um sich Überweisungen abzuholen für den Augen- und den HNO-Arzt. Denn Opa Hartmann hört und sieht nicht mehr so gut wie früher. Bei der Gelegenheit gibt ihm die Ärztin auch einige Empfehlungen mit auf den Weg für eine gesunde Lebensführung. Aber im großen und ganzen ist Opa Hartmann für sein Alter in einem «unerwartet guten Allgemeinzustand», wie Frau Dr. Dreißigacker es auszudrücken pflegt. Für Nils und Bettina sehr erfreulich und beruhigend, aber auch sehr erstaunlich. Denn schließlich ist es ihm in seinem Leben nicht so gut gegangen wie ihnen. Und sie selbst?

Nils hat Probleme mit den Bronchien, Bettina mit dem Rükken. Ihre Tochter Karen stichelt: «Dauernd redet ihr über eure Wehwehchen. Hier sticht es, dort knirscht es. Gestern, als Polmanns zu Besuch waren – ich denk, ich hör nicht recht: Was macht der Darm, was macht der Rücken? Frau Polmann schwört aufs Einrenken, und Herr Polmann geht jetzt mit seinem Husten zum Heilpraktiker. Zwei Stunden Krankheitsplausch. Sagt mal, wie alt seid ihr eigentlich? Nehmt euch mal ein Beispiel an Opa. Bei dem ist das nie ein Thema.»

Hier wollen wir unsere Geschichte ein erstes Mal kurz unterbrechen. Hand aufs Herz? Sprechen Sie auch so gern über Ihre Zipperlein?

Gespräche über Krankheiten sind für viele von uns ein wichtiger Bestandteil unseres Kommunikationsalltags: Symptome austauschen, Behandlungsempfehlungen weitergeben. Mißempfindungen sind eben oft **diffus**, und vielleicht bekommt man die ganze Sache ja etwas **prägnanter**, wenn man darüber spricht. Vielleicht, aber eines müssen wir wissen, wenn wir einen Krankheitsplausch beginnen: Ein Gespräch dieser Art hat eine starke suggestive Wirkung: Wir richten unsere Aufmerksamkeit wie ein Scheinwerfer auf diese negative Empfindung, erleben sie als überdimensional wichtig und dürfen uns nicht wundern, wenn sich die Symptome verstärken, ohne daß wir mehr **Klarheit** (**Prägnanz**) im Hinblick auf unseren Zustand bekommen haben. Wartezimmergespräche machen uns oft kränker, als wir sind.

Für Opa Hartmann sind Krankheiten kein Thema. Er scheint ja auch immer gesund und munter.

«Hast du früher viel Sport gemacht?» fragt seine Enkelin Karen. «Sport? – Nee!» sagt Opa Hartmann. «Außer in der Schule und beim Militär habe ich kaum Sport getrieben. Höchstens morgens im Schweinsgalopp zur Straßenbahn oder ... tanzen. Ja, getanzt hab ich wie verrückt.»

«Aber irgendwie mußt du doch was getan haben für deine Gesundheit.»

Ohne es zu ahnen, hat Karen ihrem Opa ein Stichwort geliefert für ein Lieblingsthema, über das er sonst allerdings im Kreis seiner Kinder und Enkel nicht so gern redet. Aber er spürt Karens Interesse, außerdem hat sie ja Psychologie studiert. Da hält er einen kleinen Vortrag in eigener Sache für angemessen.

«Weißt du, Karen, als Kind war ich oft krank», beginnt er, «mindestens zwei- bis dreimal im Jahr. Und meine Mutter war dann ganz eisern: Drei Tage ohne Fieber, erst dann durfte ich wieder aufstehen. Du, ich war als Kind ein richtiger Quirl. Drei Tage im Bett bleiben – ‹fest liegen› nannte meine Mutter das –, eine Folter war das, und was für eine. Und dann diese ekelhaften Arzneien. Pfui Deibel: Lebertran und Rizinusöl waren obligatorisch, bittere Pillen je nach Diagnose. Mit einem Wort, diese Genesungsprozedur hat mir mehr zugesetzt als die Krankheit selber.»

Bevor wir Opa Hartmann weitererzählen lassen, müssen wir uns wieder kurz einmischen. Opa Hartmanns Mutter hatte offenbar ein festes Bild von *Krankheit* im Verhältnis zu *Gesundheit*: Krankheiten kommen von außen, fallen einen an, bringen lästiges Fieber. «Fest» im Bett liegen ist die einzige Möglichkeit, sie zu vertreiben. Erst wenn sie völlig weg sind – sozusagen durch den Schornstein abgezogen –, darf man aufstehen. Natürlich muß man das Ganze mit Medizin unterstützen. Und die muß scheußlich schmecken. Nur scheußlich schmeckende Medizin hilft. Eine **Fiktion** also. Im **Rahmen** dieser Fiktion betrachtete und behandelte Opa Hartmanns Mutter Krankheiten. Diese Fiktion entfaltete auch in Opa Hartmann zunächst ihre suggestive Kraft. Er fühlte sich die obligatorischen drei Tage lang krank und schlapp. Hören wir ihm weiter zu:

«Aber bei einem dieser ‹Zwangslager› – ich weiß nicht mehr, was ich wieder mal hatte – ereignete sich folgendes: Drei Häuser weiter war ein kleiner Brand ausgebrochen, ich hörte jedenfalls die Feuerwehr anrollen und dann Geschrei und laute Kommandos. Mutter war einkaufen gegangen. Ich konnte einfach nicht mehr still liegen, während gleich nebenan ... Verstehst du? Ich mußte da hin. Ich also raus aus dem Bett, Hemd an, Hosen, Schuhe und runter die Treppe auf die Straße. Die anderen Kinder aus der Umgebung waren auch schon da. Es war sehr aufregend. Und ich fühlte mich gar nicht mehr krank.

Das war gewissermaßen ein ‹Schlüsselerlebnis›. Man mußte sich ja gar nicht drei Tage lang krank fühlen. Und was heißt eigentlich ‹krank sein›? Von nun an versuchte ich, gar nicht erst krank zu werden. Wie macht man das? Ich hatte dafür keinen Plan, kein Konzept. Als Kind löst man seine Probleme intuitiv. Wann immer ich merkte, jetzt werde ich krank, wenn ich mich fiebrig, benommen, müde und matt fühlte, dann stellte ich mir andere, gute Gefühle vor, die mir zeigen würden, daß die drohende Krankheit wieder abzieht. Wenn ich nachts keine Luft bekam, weil die Nase verstopft war, legte ich mich auf die Seite und stellte mir vor, wie dadurch der verstopfende Nasenschleim durch seine Schwere ganz langsam vom oberen zum unteren Nasenloch fließen und dabei den Weg für die Luft durch das obere Nasenloch frei machen würde. Und der Weg wurde frei. Hatte ich irgendwo Schmerzen, dann stellte ich mir vor, wie die Schmerzen ganz langsam, nach und nach schwächer werden und dann ganz verschwinden. Von all dem sagte ich meiner Mutter natürlich nichts. Denn dann hätte ich ja gleich wieder ins Bett müssen. Ihr gegenüber tat ich so, als ob ich völlig gesund wäre, und wurde es dann auch wieder.»

Kurze Einblendung: Opa Hartmann macht sich eine **Fiktion**, er stellt sich vor, es sei alles in Ordnung, und überprüft dies an der Realität: Die Nase wird frei. Und er malt sich ein sehr **prägnantes Bild** von dem, was sein wird, stellt sich eine positive **Pro-**

gnose. Offensichtlich mit starker autosuggestiver Wirkung. Und diese Suggestion wirkt offenbar bis heute. Denn (hören wir weiter Opa Hartmann):

«So habe ich es mein ganzes Leben lang gehalten. Krankheitszeichen nicht ignoriert, sondern genau beobachtet: Was will mein Körper mir sagen? Was paßt ihm nicht? Womit tue ich ihm jetzt was Gutes? Natürlich habe ich mich auch schon mal ins Bett gelegt. Und was eingenommen. Aber ich wußte genau: Früher oder später wird diese Mißempfindung verschwinden. Wie gesagt: Manchmal geht das nicht, ohne nachzuhelfen. Jetzt, da ich alt bin und weiß, Zucker ist für mich nicht gut, na, da esse ich eben keinen Kuchen mehr. Übrigens fällt mir das leicht, Kuchen schmeckt mir nicht mehr. Mit Schokolade und Pralinen, die ich früher sehr gern gegessen habe, kannst du mich heute jagen.»

Schauen wir noch einmal kurz hin: Opa Hartmann hat sich einen nicht ganz üblichen, aber sehr nützlichen **Rahmen** für den Umgang mit Krankheiten geschaffen: Wenn er sich nicht wohl fühlt, sieht er das als Botschaft seines Körpers. Er hält gewissermaßen Zwiesprache mit ihm. Außerdem stellt er sich die positive **Prognose**: So eine Mißempfindung geht vorbei. Und als er feststellt, daß ihm Zucker nicht mehr *bekommt*, stellt er sich fest vor, daß er ihm auch nicht mehr *schmeckt*, er schafft sich sozusagen eine **geschmackliche Fiktion**. Und siehe da: Süßes mag er nicht mehr. Seine Fiktionen haben das **ideodynamische Prinzip** aktiviert. Die autosuggestive Kraft solcher Fiktionen merkt er auch bei anderen Lebensmitteln:

«Übrigens geht es mir mit fettem Schweinefleisch genauso. Seit meine Ärztin mir erläutert hat, warum fettes Schweinefleisch sich auf meinen Kreislauf ungünstig auswirken würde, schmeckt mir auch der Schweinebraten nicht mehr. Ist das nicht toll? Dagegen schmecken mir Obst, Gemüse und Fisch immer besser, seitdem ich weiß, daß mir das hilft, gesund zu bleiben.

Da fällt mir gerade noch was ein. Ich hab dir ja vorhin gesagt, daß ich seit Jahrzehnten keinen Sport mehr gemacht habe. Nur getanzt, das hab ich immer. Seit mir aber die Ärztin empfohlen hat, wenigstens dreimal in der Woche mindestens zwanzig Minuten flott zu gehen, macht es mir richtig Spaß, drei- bis viermal in der Woche um den Kiessee zu marschieren, richtig stramm. Zweieinhalb Kilometer in zwanzig Minuten. Das tut gut, sag ich dir. Hinterher fühle ich mich wieder richtig tatendurstig.»

Opa Hartmann malt sich also **positive Bilder**. Er suggeriert sich, daß ihm das Spaß macht, wovon er überzeugt ist, daß es ihm guttut. Und daß ihm alles zuwider ist, was ihm schaden könnte. Aus seinen **Fiktionen** wird für ihn Realität. Seine **positiven Prognosen** («Hinterher fühle ich mich tatendurstig») bestimmen die Dynamik seines Verhaltens. Wie wir sehen, geht es ihm gut damit.


### 4. Alf hört auf zu rauchen

Bettinas Bruder Alf – der mit der Werbeagentur – war vor vier Jahren noch starker Raucher. Vierzig Zigaretten am Tag mindestens. Natürlich wußte Alf genau, daß sein Körper ihm das eines Tages übelnehmen würde. Aber einfach aufhören? Sich mitten im täglichen Streß zusätzlichen Streß machen? Im Büro rauchte inzwischen aber keiner mehr. Er war der einzige. Die anderen trugen's mit Fassung, wenn er in einer Dienstbesprechung um eine «kleine Pause zur Selbstverstümmelung» bat.

Wenn sie bloß nicht so mitleidig lächeln würden. Irgendwie

wurde allmählich sein **Zugehörigkeitsbedürfnis** auf eine harte Probe gestellt. Zumal die Kollegen beiläufig ihre **Gedanken säten:** «Schlechte Luft in deinem Zimmer, Alf.» Oder: «Ich geh für alle Kuchen holen, soll ich dir dafür Zigaretten mitbringen?» Irgendwie mußte es doch zu schaffen sein. Die anderen haben's doch auch gepackt. Die waren gewissermaßen **lebende Metaphern.** Alf war inzwischen reif wie eine Pflaume.

Und dann bekam er unerwartet eine Chance, und er nutzte sie. Ein Flug nach Australien stand an, eine Informationsreise zur Tochterfirma seines wichtigsten Kunden. Vorgesehen waren drei Wochen Aufenthalt. Telefonisch buchte Alf sein Ticket. Und zwar bei der australischen Fluggesellschaft Quantas. Zehn Minuten später rief die Dame aus dem Reisebüro zurück und entschuldigte sich. Sie habe vergessen, ihm zu sagen, daß Quantas ausschließlich Nichtraucherflüge anbiete. Falls er deshalb mit einer anderen Gesellschaft fliegen wolle, sagte die Dame, würde sie umbuchen. Alf zögerte, aber nur einen winzigen Augenblick. «Ist nicht nötig», sagte Alf. «Danke, daß Sie extra noch mal angerufen haben. Ich bleibe bei Quantas.» Ihm war etwas mulmig zumute, aber er dachte: Jetzt oder nie! Und brachte sich absichtlich in eine Lage, aus der es kein Entrinnen gab. Und hatte dabei nur ein Bild im Kopf: Er kommt zurück ins Büro und fragt: Wer holt Kuchen? Diese **positive Prognose** baute ihn auf und machte ihn gespannt. Aber Melbourne ist von Berlin vierundzwanzig Flugstunden entfernt. Also vierundzwanzig Stunden ohne eine einzige Zigarette. Nur ein starker Raucher weiß, was das bedeutet. Als Alf in Melbourne ankam, war er fix und fertig. Er fühlte sich krank und zitterig. Und es kam noch schlimmer. Überall, wo er auf seinem Informationstrip hinkam, war Rauchen verboten. Auch auf den Toiletten. Es gab Rauchmelder. Die Australier sind da eisenhart, noch härter als die US-Amerikaner. Im Hotel:

Rauchverbot. In der Öffentlichkeit: Rauchverbot. Sicher wird es irgendwo Räume und Plätze gegeben haben, wo Alf hätte rauchen können. Aber die hätte er suchen müssen. Und dazu fühlte er sich schon zu schwach. Er hatte Mühe, seine repräsentativen Pflichten zu erledigen, Gespräche zu führen. Hinterher fiel er jedesmal nur noch ins Bett und schlief. Er fühlte sich hundeelend. Nur eines hielt ihn aufrecht: Er malte sich zwei Bilder aus, und die wurden mit der Zeit immer **prägnanter**. Bild eins: Seine Frau Gabi holt ihn vom Flugplatz ab. Sie steht hinter der Barriere. Er kommt raus mit seinem Kofferkarren. Sie begrüßen sich. Und dann sagt er – so ganz nebenbei sagt er das, so wie: «Na, wie geht's» –: «Übrigens, ich rauche nicht mehr.» Er sieht, wie sie stehenbleibt, ihn ungläubig anschaut und dann lacht ... Bild zwei: Er ist im Büro. Die erste Dienstbesprechung. Einer fragt: «Sollen wir eine kleine Pause machen, Alf?» Und er mit einem leisen Lächeln: «Wieso?» Wenn er sich diese Bilder wachrief zwischendurch, ging es ihm besser. Diese **positiven Prognosen** ließen ihn drei Wochen Australien ohne eine Zigarette überstehen. Mehr schlecht als recht. Wenn er mit Gabi telefonierte, erwähnte er nichts von seiner erzwungenen Enthaltsamkeit und den Qualen, die sie ihm verursachte.

Als er wieder in Berlin landete, war es nicht weit her mit dem Triumph. Weder zu Hause noch im Büro, denn er war noch nicht über den Berg. Er fühlte sich wie ein Häufchen Elend. Aber er hatte drei Wochen durchgehalten, und es gab für ihn nur noch eines: «Das stehe ich jetzt durch!» Das stand wie ein **Schlüsselwort** über seinem Denken und Handeln. Die Entzugsphase dauerte länger als sechs Monate. Er nahm zu, wurde dick und depressiv. Aber der Satz blieb auch während dieser Zeit wirksam: «Das stehe ich durch!» Natürlich überfiel ihn immer wieder auch in diesen Monaten die Gier nach einer Zigarette. Aber es stand für ihn fest, zweifelsfrei: «Diesmal halte ich durch! Diese Qualen will ich nicht vergeblich durchlitten haben!» Und er stellte sich wieder **positive Prognosen.** Das hatte ihn ja auch die Zeit in Melbourne überstehen lassen. Er stellte sich vor, wie stolz er sein würde, wenn er das alles hinter sich gelassen hätte. Und er stellte sich die anerkennenden Blicke und Bemerkungen seiner Kollegen vor: «Klasse, Alf. Du hast es gepackt.» Und dann Gabi: Sie steht ihm bei in dieser Phase. Wie stolz wird sie sein, wenn er da durch ist.

Im folgenden Frühjahr merkte Alf, daß er anfing, sich besser zu fühlen. Sein Gewicht normalisierte sich, sein Gesicht bekam Farbe, er fühlte sich wieder aktiv und tatendurstig. Seine Kollegen sagten, er blühe richtig auf, seit er nicht mehr rauche. Er sieht sogar jünger aus. Und die Wohnung riecht auch nicht mehr nach Rauch. Das freut besonders Gabi.

## 5. Peter Hartmann wird zur Sau gemacht

Sie wissen bereits, Peter Hartmann war Pfleger in einem Altenheim. War, denn er ist ja dann entlassen worden, vor Ablauf der Probezeit. Nicht aus heiterem Himmel. Seine Entlassung hatte eine Vorgeschichte. Begonnen hatte alles mit der Medikamenten-Sache. Wir erinnern uns: Er hatte das Haloperidol für Herrn Faber abgesetzt. Da hatte ihn sich der Heimdirektor Herr Kubicki zum erstenmal zur Brust genommen, noch recht freundlich. Aber dann kam die Sache mit Frau Handtke. Peter hatte ihr in seiner Nachtschicht eine halbe Stunde lang etwas vorgelesen, und Frau Handtke hatte sich überschwenglich bei Herrn Kubicki dafür bedankt. In dessen Konzept paßte diese «Sonderzuwendung» aber ganz und gar nicht.

Und als Peter wieder einmal etwas ein wenig anders gemacht

hatte, als es hier allgemein üblich war, kam der erste Wutaus-
bruch von Herrn Kubicki. Wir kennen ihn:

Also, Herr Hartmann, es zeugt für mich von einer unerträglichen Dämlichkeit und Dickfelligkeit, sich immer wieder den
Anordnungen der Ärzte und der Oberschwester zu widersetzen.

Peter hatte das bekanntlich so verarbeitet, daß er diese Äußerung
für sich umgedeutet **paraphrasierte** und damit ein **Reframing**
vornahm. Er «übersetzte» die «unerträgliche Dämlichkeit und
Dickfelligkeit» in «unzulässige Eigenverantwortlichkeit». Das
gab ihm seine Sicherheit wieder. Und er versuchte sich etwas
anzupassen. Aber das schien nichts zu nutzen. Kubicki ließ ihn
immer mal wieder antreten:

«Sie müssen pünktlicher sein, Herr Hartmann.» – «Führen Sie
hier nicht eigene Methoden ein, Herr Hartmann.» Oder er ließ
bei der Dienstbesprechung schon mal so ganz nebenbei Aussprü-
che fallen wie: «Leute in der Probezeit sollten hier besonders gut
aufpassen.» Diese **implizite Warnung** ging eindeutig an Peters
Adresse. Oder: «Na, was meint unser kleiner Revoluzzer dazu?»
Eine **Metapher**, die Wirkung zeigte, denn er wurde jetzt häufiger
auch von den anderen so angesprochen. Und zwar nicht gerade
freundlich. Ja, Kubicki wußte, wie man erfolgreich **Gedanken
säen** kann. Aber war das alles wirklich eine geplante Aktion? Peter konnte sich das zunächst kaum vorstellen. Bis dann im Sommer die Sache mit der Akte passierte. Alles schien zunächst eine
harmlose Panne zu sein. Eine Patientenakte war verschwunden.
Ausgerechnet, nachdem Peter seine Eintragungen gemacht hatte.
Peter hatte die Akte hinterher wieder in den richtigen Ordner zu-
rückgehängt, da war er ganz sicher. Aber die Akte war weg, und er
sollte sie verschlampt haben. Darin schienen sich alle einig zu
sein. Er hatte sie ja auch nachweislich als letzter in der Hand gehabt. Peter selbst war es ein Rätsel, wo die Akte geblieben sein

sollte. Ihr mysteriöses Verschwinden ließ ihm keine Ruhe. Er suchte an allen möglichen und dann auch unmöglichen Stellen. Vor allem dann, wenn er beim Nachtdienst allein war, durchsuchte er Schubladen und Fächer. Und er fand sie schließlich auch … im Schrank der Patientin. Wie kam sie da nur hin? Gewiß, die alte Dame war schon etwas verwirrt. Aber so verwirrt, daß sie ihre eigene Akte klaute? Eine merkwürdige Sache. Und sie wurde noch merkwürdiger. Als Peter bei der Übergabe am nächsten Morgen die Akte präsentierte, schüttelten die meisten nur ungläubig mit dem Kopf. Und hatte nicht auch jemand gelächelt? Und die Sache schien sich herumgesprochen zu haben. Herr Körner von der Haustechnik hielt ihn auf dem Flur an. Sie kannten sich eigentlich nur flüchtig. «Von Ihnen hört man ja tolle Sachen!» sagte Herr Körner. «Wieso, was meinen Sie?» fragte Peter. «Na, die Sache mit der Akte. Verschlampt eine Akte und findet sie dann angeblich im Schrank der Patientin wieder.» Körner lachte. «Ganz schön clever, wirklich!» Peter war erst mal sprachlos. «Wer hat Ihnen denn den Quatsch erzählt?» fragte er dann. «Entschuldigung! Das habe ich auf Ihrer Station gehört. Stimmt das denn nicht?» Wer erzählte das rum? Anders: Wer hatte die Sache eingefädelt und war jetzt daran interessiert, daß aus dieser Lappalie ein Gerücht wurde? Kubicki? Peter wollte Stationsschwester Susanne darauf ansprechen. Aber sie sagte nur: «Tja, so ist das.» Und sie lächelte irgendwie komisch. Peter erlebte diese Situation als höchst **diffus**. Entsprechend anfällig war er für Suggestionen. Ja, mit Kubicki hatte er seine Probleme. Aber die Kollegen? Wenn er jetzt mit einer Kollegin oder einem Kollegen sprach, achtete er genau darauf, was sie sagten und wie sie es sagten, deutete den Gesichtsausdruck. Gingen ihm nicht alle aus dem Weg? Jedenfalls jedem privaten Gespräch? Hetzte Kubicki sie alle gegen ihn auf? Er hatte das Gefühl, daß in seiner Abwesenheit über ihn geredet wurde. Wenn er zwischendurch mal ins Stationszimmer kam, schien jäh das Gespräch zu verstummen. Als er einmal bei einer solchen Gelegenheit seine Vermutung aussprach, erntete er Gelächter und die Frage, ob er schon paranoid geworden sei. Langsam entstand in ihm das Gefühl, ausgegrenzt und bedroht zu sein, ein **autosuggestiver** Prozeß. Auch sein **Selbstbild** wurde **diffus**. Er, der eigentlich sicher seinen Weg zu gehen pflegte, der sich selbst zwar für selbstbewußt, aber auch für zuverlässig und umgänglich hielt, scheiterte gleich bei seinem ersten Schritt in den Beruf. Seine Freunde und auch seine Eltern hatten Deutungen parat, boten ihm also **Reframings** an: «Du redest dir was ein!» – «Du bist denen zu selbständig!» Diesen Rahmen hatte er sich ja selbst schon gesetzt. Als die Sache mit dem Haloperidol passiert war. Aber er hatte doch versucht, sich anzupassen. Sein Vater schien schließlich den Nagel auf den Kopf zu treffen: «Die wollen dich loswerden. Zumindest Kubicki.» Genau, das war es. Langsam, aber sicher hatte der ihn durch eine geschickte **Konfusionstechnik** auf seine Entlassung vorbereitet und hatte auch den anderen durch sein Verhalten das Bild eines «Abstiegskandidaten» gemalt. Und die verhielten sich entsprechend, oder besser: Peter erlebte ihr Verhalten entsprechend. Das Bild ließ sich jetzt mühelos zusammensetzen. Endlich hatte er eine **prägnante Deutung** seiner Erfahrungen aus den letzten Wochen: Kubicki wollte ihn loswerden. Aber was tun? Vorher kündigen? Aber einfach so kapitulieren? Die Entscheidung wurde ihm abgenommen. Kubicki kam ihm zuvor. Als er ihn zum Gespräch bat, wußte Peter sofort: Jetzt ist es soweit. Und er war fast erleichtert.

Das Gespräch war denn auch sehr kurz.

**Kubicki:** Ich habe Sie hergebeten, weil ich Ihnen was sagen muß.

**Peter:** Ich weiß, Sie wollen mir kündigen.

**Kubicki:** Ich muß. Sie haben diese Maßnahme selbst zu verantworten.

Herr Kubicki ließ noch einige Gründe folgen, mit denen er Peter das Bild eines aufsässigen Versagers suggerieren wollte. Aber für Peter war das nur «heiße Luft». Es paßte ja alles höchst **prägnant** zusammen. Er verzichtete denn auch darauf, sich zu rechtfertigen, und gab Herrn Kubicki durch seine Haltung und seine Mimik zu verstehen, daß er kein reuevoller Sünder sein wollte.

Dennoch: Als er sich im Vorzimmer am Schreibtisch von Frau Heine auf einen Stuhl fallen ließ, war er ziemlich down. Frau Heine sah ihn mittfühlend an. «Hat er sie zur Sau gemacht?»

«Wie man's nimmt.»

«Ich mache Ihnen erst mal einen Kaffee!» sagte Frau Heine, «dann mache ich Ihre Papiere fertig.»

Peter sah sie überrascht an. «Sie wissen es schon?»

«Ja. Erstens hat er es mir schon gleich heute früh gesagt, daß Sie entlassen werden.»

«Ach ja? Und zweitens?»

«Und zweitens macht er das schon immer so.»

«Was macht er schon immer so?»

«Na ja, wenn eine Stelle frei wird, stellt er erst mal zwei Leute ein. Und vor Ablauf der Probezeit entläßt er dann einen wieder. Ein Grund findet sich immer. Und er macht das dann ja auch immer sehr geschickt.»

Frau Heine bot ihm also ein entlastendes **Reframing** an: Nehmen Sie es nicht als persönliche Niederlage. Einer muß gehen, und Sie hat es getroffen. Und dann bestätigte sie den **Rahmen**, den er sich selbst schon geschaffen hatte: «Aber wenn Sie wissen wollen, warum es gerade Sie getroffen hat. Sie sind zu eigenwillig, zu kritisch. Sie sind ihm von Anfang an nicht angepaßt genug gewesen. Ich, das sag ich Ihnen jetzt ganz ehrlich, fand das gut. Und einige andere sicher auch. Aber die meisten haben auch Angst. Behalten sie Ihren Mut und Ihr Selbstvertrauen.»

Ja, und jetzt sucht Peter Hartmann einen neuen Job. Vielleicht in einem Pflegeheim, in dem sein Engagement einen Platz hat.

## 6. Dr. Zürner macht gern Visite

Hans Riebensahm traf kürzlich bei einer Fachtagung einen alten Bekannten wieder, Dr. Peter Zürner, und erkundigte sich, wie man das bei solchen Gelegenheiten zu tun pflegt, nach seinem Befinden.

Er bekam eine überraschende Antwort: «Seit der Ausbildung damals mache ich wieder gern Visite!» So eine Antwort macht neugierig, und Hans Riebensahm wollte Genaueres wissen.

Was er schon wußte: Dr. Zürner ist Internist und Facharzt für Psychotherapie. Er arbeitet als Oberarzt an einer Klinik für Krebspatienten. Vor Jahren hatte er eine Ausbildung in klinischer Hypnose absolviert und dabei Hans Riebensahm als einen seiner Ausbilder kennengelernt. Seinerzeit war «Visite» ein Schlüsselwort gewesen für die ärztlichen Ausbildungsteilnehmer. Darauf spielte Dr. Zürner jetzt mit seiner Bemerkung an. Und auch daran konnte sich Hans Riebensahm gut erinnern. Denn er hatte damals, wie noch heute in seinen Seminaren, die teilnehmenden Klinikärzte auf ihre Chancen hingewiesen, während der Visiten am Krankenbett den Patienten heilsame Suggestionen zu verabreichen. Gerade in dieser Situation – das haben wir ja schon mehrfach erwähnt – leiden Patienten nicht nur an ihrer Krankheit. Häufig leiden sie noch mehr an der Ungewißheit über ihr (weiteres) Schicksal. Patienten dürsten geradezu nach Gewiß-heit, nach Klarheit, nach **Prägnanz.** Wie verirrte Wanderer gieren sie nach offenen und vor allem nach versteckten Hinweisen und Zeichen, die ihnen mehr Prägnanz versprechen oder zu versprechen scheinen. In welchem Tonfall spricht der Arzt? Was verrät seine Mimik? Was sagt er zu seinem Kollegen? Was zur Schwester? Häufig verbringen Patienten Tage damit, über eine beiläufige Bemerkung des Arztes nachzudenken. Sie paraphrasieren sie, legen sie aus. Was hat er damit gemeint? Weiß er wirklich nicht mehr, oder verschweigt er mir was? Und wenn sie dann nachfragen und die Schwester in kühlem oder – noch schlimmer – in mitleidigem Ton sagt: «Tut mir leid, ich darf nichts sagen. Da müssen Sie den Arzt fragen!», dann sind Angst, Resignation oder Depression nicht mehr weit. Und solche Emotionen mindern wiederum die Heilungs- bzw. die Überlebenschancen der Patienten.

Andererseits können Ärzte und Pflegepersonen nicht nur den Patienten, sondern auch sich selbst viel Gutes tun. Sie müssen nur diese besondere Situation ihrer Patienten zu nutzen verstehen. So wie Dr. Zürner. Der macht jetzt gern Visite. Als nämlich Hans Riebensahm ihn fragte, warum, erzählte er folgende Geschichte aus seinem Krankenhausalltag:

Kurz vor Weihnachten kam er zu einer 42jährigen Patientin ins Zimmer. Sie weinte vor sich hin und ließ sich zunächst auch nicht beruhigen. Kürzlich war sie wegen eines Mammakarzinoms (Brustkrebs) operiert worden. Körperlich ging es ihr, wie man so sagt, «den Umständen entsprechend» gut. Metastasen hatte man keine gefunden. Bei guter Nachsorge und nach geeigneter Rehabilitation würde sie sicher wieder ein normales Leben führen und – wenn alles gutging – auch ein normales Alter erreichen können.

Als Dr. Zürner sie fragte, warum sie denn so traurig sei, antwortete die Patientin: «Weil ich nächste Woche sterben muß!» Sehr erstaunt und besorgt fragte Dr. Zürner nach und erfuhr: Der Hausarzt hatte der Patientin angeblich prophezeit, sie habe nur noch drei Monate zu leben. «Die drei Monate sind nächste Woche um», fügte sie hinzu.

Wir haben es hier mit einer klassischen **Prognose** zu tun. Dabei ist für die suggestive Wirkung unerheblich, ob der Hausarzt diese Suggestion tatsächlich so prägnant formuliert hat, wie die Patientin ihn zitiert. Vielleicht hatte die Patientin ihn provokativ gefragt, wie lange sie noch zu leben habe. Und der Arzt, um sich der für ihn unangenehmen Situation schnell zu entziehen, könnte «gewollt scherzhaft» geantwortet haben: «Na ja, die nächsten drei Monate werden Sie schon noch überleben!» Es könnte auch sein, daß der Hausarzt, ernsthaft um Offenheit bemüht, seine subjektive Überzeugung tatsächlich so deutlich kundgetan hat, um der Patientin die Möglichkeit zu geben, vor ihrem Tod noch ihre Angelegenheiten zu ordnen. Wie immer es auch tatsächlich gewesen sein mag, diese unbedachte Äußerung hatte bei der Patientin offenbar zu einer fatalen Suggestion geführt.

Dr. Zürner nahm sich Zeit. Er setzte sich zu ihr ans Bett, faßte ihre Hand. Damit nutzte er zunächst das **Bedürfnis** der Patientin **nach Zuwendung**, Dr. Zürner stellte **Rapport** her.

Dann sprach er ganz allgemein über menschliche Irrtümer. «Irren ist menschlich!» sagte er. «Haben nicht im Lauf der Jahrhunderte schon etliche Leute den Weltuntergang prophezeit? Und wir leben immer noch!»

Dr. Zürner benutzt hier Allgemeinplätze, also Aussagen, die «einfach wahr sind», denen man schlechterdings nicht widersprechen kann. Dadurch kann sich bei der Patientin eine sogenannte **Ja-Haltung** entwickeln. Eine Ja-Haltung fördert, wie wir gesehen haben, den Rapport und die Bereitschaft der Patientin, später auch anderen Aussagen zuzustimmen, deren Wahrheitsgehalt weniger offensichtlich oder sogar unsicher ist.

Durch die Wahl des Themas «menschliche Irrtümer» sät Dr. Zürner außerdem Zweifel an der negativen Prognose des Hausarztes. Es werden (nach dem ideodynamischen Prinzip) gewissermaßen zwei Vorstellungen aufgerufen: die Vorstellung, sterben zu müssen, und die Vorstellung «Irrtümer». Beide Bilder konkurrieren miteinander. Es entsteht **Konfusion**, die die Patientin für nachfolgende Suggestionsversuche empfänglicher macht.

Dr. Zürner dachte einfach nur laut nach, ruhig, bedächtig, mit Pausen. Am Ende jeder seiner Äußerungen senkte er die Stimme. Zudem achtete er darauf, daß er im gleichen Rhythmus sprach, wie die Frau atmete.

Diese Art zu sprechen signalisiert: Sie brauchen mir nicht zu antworten. Wir haben Zeit! Die Betonung der Ausatemphasen, das sogenannte **Atempacing**, fördert sehr wirkungsvoll den Rapport. Dr. Zürner wußte seit seiner Hypnoseausbildung, daß diese Sprechweise beruhigt und der Patientin helfen würde, in eine heilsame Trance hinüberzugleiten, in eine Art Halbschlaf.

«Viele Menschen sprechen zwar manchmal von Ärzten als von Halbgöttern in Weiß», fuhr Dr. Zürner fort. «Aber S(s)ie wissen natürlich, als Halbgötter sind Ärzte auch halb menschlich und irren sich deshalb, womöglich in jedem zweiten Fall. Viele Male irren S(s)ie sich.»

Zunächst wieder ein Allgemeinplatz, nämlich die gängige **Metapher** *Halbgötter in Weiß*. Mit dieser Metapher spielt Dr. Zürner ein bißchen, er nimmt sie wörtlich (halb Götter, halb Menschen).

Er spielt auch mit der Mehrdeutigkeit des S(s)ie. Diesem Spiel mit Worten dürfte die Patientin in ihrem augenblicklichen Zustand rational nicht mehr ganz folgen können, es verwirrt sie, es schafft Konfusion, was sie wiederum empfänglicher macht für nachfolgende Suggestionsversuche.

Die Patientin seufzte tief.

«Natürlich habe auch ich selbst mich schon oft geirrt», fuhr Dr. Zürner fort.

Dr. Zürner bringt sich hier selbst gewissermaßen als lebende **Metapher** ein. Das verstärkt einerseits den Rapport (die Patientin fühlt sich ernst genommen). Und das wirkt andererseits überzeugend, denn er ist schließlich ein Arzt. Hier ist zusätzlich eine **Implikation** enthalten: Wenn sogar der sich irrt!

Dr. Zürner sprach weiter: «Ich weiß nicht, ob Sie überrascht sein werden, Frau Mommsen», sagte er zum Abschluß, «wenn Sie am Ende der kommenden Woche wissen, Sie leben noch! Sie wissen dann auch: Ihr Hausarzt hat sich geirrt!»

Diese Äußerungen implizieren für Frau Mommsen: Ich werde weiterleben! Die Patientin sagte nichts mehr, als Dr. Zürner hinausging. Sie schien schon zu schlafen.

Ein Jahr später erschien die Frau noch einmal zu einer Nachuntersuchung. Es war alles in Ordnung. Dr. Zürner war sehr zufrieden. Frau Mommsen natürlich auch.

Zum Abschied bedankte sie sich noch einmal für die gute Betreuung und «ganz besonders für das Gespräch vor Weihnachten, als es mir so schlecht ging. Sie hatten übrigens recht», fügte sie hinzu, «Irren *ist* menschlich! Mein Hausarzt ist letzten Juli gestorben.»

Diese Pointe klingt unglaublich. Aber wir haben sie wirklich nicht erfunden. Dr. Zürner versichert, sie sei wirklich so passiert – und dokumentiert in den Krankenhausakten.

Im übrigen hat Dr. Zürner, wie er anmerkt, diese Geschichte später anderen Patienten und Patientinnen erzählt – als eine suggestive Metapher.

# SUGGESTION

Argyle, M., McHenry, R.: Do spectacles really affect our judgments of intelligence? In: British Journal of Social and Clinical Psychology 10, 1971, 27 – 29

Brehm, J. W.: A theory of psychological reactance. New York, 1966

Cialdini, R. B.: Die Psychologie des Überzeugens. Bern 1997

De Paolo, B. M., Zuckerman, M., Rosenthal, R.: Humans as lie detectors. In: Journal of Communication 30, 1980, 129 – 139

Fast, J.: Körpersprache. Reinbek 1979

Gheorghiu, V. A.: Die Psychologie der Suggestion: Eine kognitivistische Perspektive. In: Hypnose und Kognition, Band 10, Heft 1, 1993, 3 – 26

Kiener, F., Ahrens, H.: Nicht bewußte Lernvorgänge bei Personenwahrnehmung. In: Psychologische Rundschau, 24, 1973, 153 – 160

Koffka, K.: Principles of gestalt psychology. New York 1935

Kraut, R. F.: Verbal and nonverbal cues in the perception of lying. In: Journal of Personality and Social Psychology 36, 1978, 380 – 391

Lange, E., Blank, A., Chanowitz, B.: The mindlessness of ostensibly thoughtful action: The role of ‹placebic› information in interpersonal interaction. In: Journal of Personality and Social Psychology 32, 311 – 328

Lassen, A.: Heute ist mein bester Tag. Maspalomas [12]1998

Ludwig, P. H.: Self fulfilling prophecy. Hamburg 1991

Merton, R. K.: The self fullfilling prophecy. In: Antioch Review 8, 1948, 193 – 210

Notdurft, W.: Schlüsselwörter. In: W. Kallmeyer (Hg.): Gesprächsrhetorik. Tübingen 1996, 351 – 417

Pawlowski, K.: Partnerzentriertes Sprechen als Dialogstrategie. In: J. Dyck u. a. (Hg.): Rhetorik. Ein Jahrbuch. Band 1, Stuttgart-Bad Cannstatt 1980, 70 – 88

Pawlowski, K., Riebensahm, H.: Konstruktiv Gespräche führen. Reinbek 1998

Riebensahm, H.: Anwendung Ericksonscher Sprachmuster als rhetorische Strategien in Lerngruppen. In: Hypnose und Kognition, Band 2, Heft 2, 1985, 44 – 56

Riebensahm, H.: Schmerzen vergessen. In: H. Klippstein (Hg.): Das Vergessen vergessen. Heidelberg 1992, 148 – 157

Rossi, E. (Hg.): Die gesammelten Schriften Milton Ericksons. 6 Bde, Heidelberg 1995 – 96

Seemann, H.: Freundschaft mit dem eigenen Körper schließen. München 1998

Sherman, S. J.: Psychotherapie nach Milton Erickson als angewandte Sozialpsychologie. In: Hypnose und Kognition, Band 5, 1988, 54 – 73

Snyder, M. D., Swann, W. B.: Behavioral confirmation in social interaction. In: Journal of Experimental Social Psychology 14, 1978, 148 – 162

Stangl, A.: Die Sprache des Körpers. Düsseldorf, Wien, New York 1977

Steiner, C.: Lebenspläne verändern. Paderborn 1982

Störig, H. J.: Kleine Weltgeschichte der Philosophie. Frankfurt a. M. 1987

Tannen, D.: Job Talk. Hamburg 1995

Tausch, R., Tausch A.-M.: Erziehungspsychologie. Göttingen 1971

Vaihinger, H.: Die Philosophie des «Als-ob». O. O. 1911

Wallbott, H. G.: Suggestive Wirkungen nonverbalen Verhaltens. In: Hypnose und Kognition, Band 10, Heft 1, 1993, 27 – 34

# Sachregister

# SUGGESTION

Die praktische Psychologie ist traditionell ein Schwerpunkt im Sachbuch bei *rororo*. Praxisorientierte Ratgeber leisten Hilfestellung bei privaten und beruflichen Problemen.

Kuni Becker
**Die perfekte Frau und ihr Geheimnis** *Eß- und Brechsucht: Hilfen für Betroffene und Angehörige* (rororo sachbuch 9576)

Annette Bopp /
Sigrid Nolte-Schefold
**StiefKinder – RabenEltern – RabenKinder – StiefEltern** *Leben in einer Patchworkfamilie: Probleme erkennen, Perspektiven gewinnen* (rororo sachbuch 60541)

J. Frances Casey / L. Wilson
**Ich bin viele** *Eine ungewöhnliche Heilungsgeschichte* (rororo sachbuch 19566)

Gerd Hennenhofer /
Klaus D. Heil
**Angst überwinden** *Selbstbefreiung durch Verhaltenstherapie* (rororo sachbuch 60231)

Eleonore Höfner /
Hans-Ulrich Schachtner
**Das wäre doch gelacht!** *Humor und Provokation in der Therapie* (rororo sachbuch 60231)

Eva Jaeggi
**Zu heilen die zerstoßnen Herzen** *Die Hauptrichtungen der Psychotherapie und ihre Menschenbilder* (rororo sachbuch 60352)

Spencer Johnson
**Ja oder Nein. Der Weg zur besten Entscheidung** *Wie wir Intuition und Verstand richtig nutzen* (rororo sachbuch 19906)

Ursula Lambrou
**Helfen oder aufgeben?** *Ein Ratgeber für Angehörige von Alkoholikern* (rororo sachbuch 19955)

Frank Naumann
**Miteinander streiten** *Die Kunst der fairen Auseinandersetzung* (rororo sachbuch 19795)

Ann Weiser Cornell
**Focusing – Der Stimme des Körpers folgen** *Anleitungen und Übungen zur Selbsterfahrung* (rororo sachbuch 60353)

Weitere Informationen in der **Rowohlt Revue**, kostenlos im Buchhandel, oder im **Internet: www.rororo.de**